DE

# OLYMPIONICARUM STATUIS

## A PAUSANIA COMMEMORATIS

SCRIPSIT

### GUALTHERUS HYDE

WIPF & STOCK · Eugene, Oregon

Wipf and Stock Publishers
199 W 8th Ave, Suite 3
Eugene, OR 97401

De Olympionicarum Statuis a Pausania Commemoratis
By Hyde, Gualtherus
Softcover ISBN-13: 978-1-7252-9948-1
Hardcover ISBN-13: 978-1-7252-9950-4
eBook ISBN-13: 978-1-7252-9949-8
Publication date 2/2/2021
Previously published by Halle, 1903

This edition is a scanned facsimile
of the original edition published in 1903.

Olympionicarum statuas per Altim non ad libidinem, sed secundum leges quasdam et normas dispositas fuisse, ita quidem ut, quae in eadem regione coniunctae starent, eae etiam nexu aliquo sive temporis victoriae sive gentis familiaeque victorum sive certaminis speciei continerentur, et per se patet et ex Pausaniae descriptione VI 1—18 facile perspicitur. Velut si catalogum nostrum in primo capite descriptum examinaveris, invenies eos, qui numeris 7—14 notati sunt, praeter unum omnes esse Lacedaemonios, omnes quadriga vicisse, omnes eiusdem saeculi esse. Praecedunt Elei inter Ol. 93 et 103 coronam nancti (1—6), sequuntur victores diversarum civitatum, plerique tamen itidem Elei, fere omnes saeculi quarti (7—37). Quibus numeri 47—68 adscripti sunt, pugiles sunt et pancratiastae; quibus numeri 82—99, maximam partem saeculi quinti sunt aut sexti exeuntis. Id quoque saepius evenit, ut posterioris aetatis victor statuam suam iuxta prisci popularis sui imaginem collocandam curaret, praesertim si ille in eodem genere vicerat, id quod in Amerta et Euanorida (72. 73) usu venit; cf. etiam 78—80. Haec digna esse, in quae accuratius inquireretur, Robertus, praeceptor meus et huius dissertationis adiutor indefessus, me monuit; nam ex tali contemplatione et ad Olympionicarum nonnullorum aetatem accuratius definiendam fructus aliquid percipi et ad Alteos varia fata cognoscenda nonnihil lucis redundare posse sperabat, praesertim post inscriptionum Olympicarum corpus a Dittenbergero et Purgoldio praeclare institutum et post papyrum Oxyrynchensem repertum. Itaque rem sic institui, ut primum catalogum Olympionicarum, qui quidem a Pausania commemorantur, propositurus sim. Neque eos excludendos esse censui, qui non propter victorias agonisticas, sed

1

ob alia merita maxime publica statuis honorati essent. Nam et ad Olympionicarum prope stantium aetatem cognoscendam hae quoque statuae alicuius momenti esse possunt, et valde memorabile est, in quadam Alteos parte non ut ceteroquin eiusmodi imagines victorum statuis, sed has illis admixtas esse (v. 147—162). Sed horum virorum nomina formis minoribus reddenda curavi et numero litteram aliquam adpinxi. Idem feci in eis Olympionicis, quorum ut victoriae a Pausania passim commemorantur, ita statuae fuerunt nullae, nisi quod eorum nomina litteris praeterea obliquis distingui volui. Olympiades, quibus victoriae sunt partae, ubi traduntur, crassis litteris distingui iussi, ubi ratiocinatione et coniectura assequendae erant, terminos utroque quam latissimos constitui et interrogationis signum, quotiescumque dubitationis aliquid relinqui videbatur, addidi. Qua in re cum etiam artificum, qui victorum statuas fecerunt, aetates summi momenti sint, eos quoque enumeravi adscriptis Olympiadibus, quibus eos opus aliquod fabricasse ab idoneis auctoribus traditur. In tota hac dissertationis parte mihi Rutgersii, Foersteri, Roberti de Olympionicarum aetate libellos summo emolumento fuisse grato animo confiteor. Huic igitur victorum catalogo capite altero commentarium quendam subiunxi, quo et sententiam meam de aliquot victorum aetate relatam latius exponerem argumentisque confirmarem et alia quaedam de inscriptionibus sculpturisque Olympicis proferrem, quae occasione oblata indagasse mihi videor. Insequentibus capitibus de statuarum per Altim dispositione disputaturus sum.

# Caput I.

## Victorum catalogus.

In adnotationibus siglis utor hisce:

Foerst. = Hugo Foerster, Die Sieger in den olympischen Spielen. Programm des Gymnasiums zu Zwickau 1891. 1892 (Progr. Nr. 543. 545).

Inschr. v. Ol. = Olympia. Textband V. Die Inschriften von Olympia, bearbeitet von Wilhelm Dittenberger und Carl Purgold 1896.

Rob. O. S. = Carl Robert, Die Ordnung der olympischen Spiele und die Sieger der 75.—83. Olympiade, Hermes XXXV 1900, p. 141 ss.

Rutg. = Sexti Iulii Africani Ὀλυμπιάδων ἀναγραφή recensuit, commentario critico et indice Olympionicarum instruxit I. Rutgers 1862.

In Pausania citando ubi libri numerus adscriptus non est, sextum intellegi volo.

### 1. Statuae in cursu priore a Pausania notatae.

| VICTORES ALIIQUE VIRI INSIGNES | | STATUARII | OLYMPIADES |
|---|---|---|---|
| 1) Symmachus<br>Aeschyli f. Eleus | πάλην | Alypus Sicyonius,<br>Naucydis discipulus Ol. 94 | Ol. 94—104. |
| 2) Neolaidas<br>Proxeni f. Pheneates | παίδων πύξ | „         „ | „ |
| 3) Archedamus<br>Xeniae f. Eleus | παίδων πάλην | „         „ | „ |
| 4) Cleogenes<br>Sileni f. Eleus | κέλητι | ignotus | Ol. 94—104 (?). |
| 5) Dinolochus<br>Pyrrhi f. Eleus | παίδων στάδιον | Cleon Sicyonius<br>Ol. 98 | Ol. 94—103. |
| 6) Troilus<br>Alcinoi f. Eleus | συνωρίδι, τεθρίππῳ | Lysippus Sicyonius<br>Ol. 103—115 | **Ol. 102. 103.** |

1) Paus. 1, 3. Rutg. 111, Foerst. 296. De Alypo Paus. X 9, 9 s. Bull. corr. hell. XXI 1897 p. 287 ss., Pauly-Wissowa I p. 1711, cf. 2. 3. 78.        2) Paus. 1, 3. Rutg. 134, Foerst. 300.        3) Paus. 1, 3. Rutg. 129, Foerst. 299.        4) Paus. 1, 4. Rutg. 150, Foerst. 777, cf. comm.        5) Paus. 1, 4. Rutg. 126, Foerst. 330. De Cleone cf. Brunn K. G. I 285. 306; Loewy Inschr. gr. Bildh. 95. 96.        6) Paus. 1, 4. Rutg. 61, Foerst. 338. 345. Titulus Inschr. v. Ol. 166.

| | | |
|---|---|---|
| 7) Cynisca τεθρίππῳ δίς Archidami f. Lacedaemonia | Apelleas Megarensis | Ol. 96. 97 (?). |
| 8) Anaxander τεθρίππῳ Lacedaemonius | ignotus | Ol. 79 (?). |
| 8a) *Anaxandri avus* πtντάθλῳ *Lacedaemonius* | *statua nulla* | *Ol. 59 — 62 (?).* |
| 9) Polycles ὁ πολύ- τεθρίππῳ χαλκος Lacedaemonius | ignotus | Ol. 89 (?). |
| 10) Philandridas παγκράτιον Acarnan ex Strato | Lysippus Sicyonius Ol. 103 —115 | Ol. 103 vel 104 (?). |
| 11) Xenarches τεθρίππῳ Lacedaemonius | ignotus | Ol. 88 (?). |
| 12) Lycinus ὁπλίτην, τεθρίππῳ Lacedaemonius | Myron Atheniensis, statuae duae | Ol. 83. 84 (?). |
| 13) Arcesilaus τεθρίππῳ δίς Lacedaemonius | ignotus | Ol. 86. 87 (?). |
| 14) Lichas τεθρίππῳ Arcesilai f. Lacedaemonius | „ | **Ol. 90.** |
| 14a) Thrasybulus vates Aeneae f. Eleus | „ | Ol. 132 —137 (?). |
| 15) Timosthenes παίδων στάδιον Eleus | Eutychides, Lysippi discipulus Ol. 120 | Ol.115—125 (?). |

---

7) Paus. 1, 6 s. Rutg. 143, Foerst. 326. 333, Rob. O. S. 195. Titulus Inschr. v. Ol. 160. De Apellea Pauly-Wiss. I 2686 s. De altero Cyniscae anathemate Paus. V 12, 5; titulus Inschr. v. Ol. 634. 8) Paus. 1, 7. Rutg. 140, Foerst. 233, Rob. O. S. 176. 8a) Paus. 1, 7. Foerst. 170, Rob. O. S. 178. 9) Paus. 1, 7. Rutg. 148, Foerst. 796, Rob. O. S. 176. 10) De nomine cf. comm. Paus. 2, 1. Rutg. 124, Foerst. 393. Caput statuae Bildw. v. Olympia tab. LIV 3. 4, cf. comm. 11) Paus. 2, 1. Rutg. 147, Foerst. 211, Rob. O. S. 176 s. 12) Paus. 2, 1. Rutg. 144, Foerst. 211 a N., Rob. O. S. 172. 176. 13) Paus. 2, 1 s. Rutg. 141, Foerst. 250. 256, Rob. O. S. 176. 14) Paus. 2, 1 s. Thuc. V 49 s. Xen. Hell. III 2, 21. Rutg. 52, Foerst. 270, Rob. O. S. 175 s. 14a) Paus. 2, 4. VIII 10, 5; cf. comm. et 121a. 15) Paus. 2, 6 s. Rutg. 128, Foerst. 424. De Eutychide Brunn K. G. I 280 s. et al.

| 16) Antipater παίδων πύξ<br>Clinopatri f. Milesius | Polycletus minor<br>Ol. 103 | Ol. 98. |
|---|---|---|
| 17) Timon (= 105 d) τεθρίππῳ<br>Aegypti f. Eleus<br>18) Aegyptus κέλητι<br>Timonis f. Eleus | } Daedalus Sicyonius<br>Ol. 96. 98. 103 | } Ol.98—101(?). |
| 19) Samius quidam ignotus πύξ | ignotus | Ol. 98 vel 99 (?). |
| 20) Damiscus παίδων στάδιον<br>Messenius | „ | Ol. 103. |
| 20a) Ignotus a Ptolemaeo primo<br>dedicatus | „ | Ol. 115 —123. |
| 21) Chaereas παίδων πύξ<br>Chaeremonis f. Sicyonius | Asterion, Aeschylif. | Ol. 96 — 97. 99<br>—107(?). |
| 22) Sophius παίδων στάδιον<br>Messenius | ignotus | Ol.105 –120(?). |
| 23) Stomius πένταθλον<br>Eleus | „ | Ol. 99 —102 (?). |
| 24) Labax πύξ<br>Euphronis f. ex Lepreo Eleus | „ | Ol.100—102(?). |
| 25) Aristodemus πάλην<br>Thrasidis f. Eleus | Daedalus Sicyonius | Ol. 98. |
| 26) Hippus παίδων πύξ<br>Eleus | Damocritus Sicyon. | Ol. 96 — 97. 99<br>—107(?). |
| 27) Cratinus παίδων πάλην<br>Aegirensis | Cantharus Sicyon.<br>Eutychidis discip. | Ol.120—130(?). |

---

16) Paus. 2, 6. Rutg. 160, Foerst. 309, Rob. O. S. 187, cf. comm. 17) Paus. 2, 8. De altero Timonis monumento Paus. 12, 6 (105 d). Rutg. 148, Foerst. 310, cf. comm. De Daedalo cf. Rob. O. S 191 ss., Pauly-Wiss. IV 2006 s. 18) De nomine Dittenberger Inschr. v. Ol. 189. Paus. 2, 8. Rutg. 149, Foerst. 301, cf. comm. 19) Paus. 2, 9. Rutg. 122, Foerst. 804, cf. comm. 20) Paus. 2, 10. 11, cf. Diod. XV 66. Rutg. 61, Foerst. 343. 20a) Paus. 3, 1. 21) Paus. 3, 1. Rutg. 138, Foerst. 527, cf. comm. 22) Paus. 3, 2. Rutg. 129, Foerst. 418, cf. comm. 23) Paus. 3, 2. Rutg. 115, Foerst. 335, cf. comm. 24) Paus. 3, 4. Rutg. 120, Foerst. 779, cf. comm. 25) Paus. 3, 4. Rutg. 58, Foerst. 312. Titulus ap. Hephaestion. 17, 116 (p. 61 Westph.). Cf. comm. 26) Paus. 3, 5. Rutg. 134, Foerst. 325. De Damocrito Brunn K. G. I 105, Pauly-Wiss. IV 2070. 27) Paus. 3, 6. Rutg. 130, Foerst. 433. De Cantharo Brunn K. G. I 415, vid. etiam 184.

| | | | |
|---|---|---|---|
| 28) Eupolemus<br>Eleus | στάδιον | Daedalus Sicyonius | Ol. 96. |
| 29) Oebotas<br>Oeniae f. Dymaeus | στάδιον | ignotus | vicit Ol. 6.<br>Statua ab Achaeis<br>posita est Ol. 80. |
| 30) Antiochus<br>Lepreates | παγκράτιον | Nicodamus Arcas | Ol. 95—102(?). |
| 31) Hysmon<br>Eleus | πένταθλον | Cleon Sicyonius<br>Ol. 98 | Ol. 94—103(?). |
| 32) Nicostratus παίδων πάλην<br>Xenoclidae f. Heraeensis | | Pantias Sostrati f.<br>Chius Ol. 84—86 | Ol. 84. 85. 87—<br>94(?). |
| 33) Dicon τρίς, παίδων καὶ ἀν-<br>δρῶν στάδ., δίαυλον aut<br>δόλιχον aut ὁπλίτην<br>Callimbroti f. Cauloniates et<br>Syracusanus | | statuae tres, statua-<br>rii ignoti | Ol. 95(?). 97(?).<br>Ol. 99. |
| 34) Xenophon παγκράτιον<br>Menephyli f. Aegiensis | | Olympus Sicyonius | Ol. 95—105(?). |
| 35) Pyrilampes δόλιχον<br>Ephesius | | Pyrilampes Messe-<br>nius | Ol. 105—106. |
| 35a) Lysander<br>Aristocriti f. Lacedaemonius | | statua a Samiis dedi-<br>cata, statuarius igno-<br>tus | Ol. 95 aut 96. |
| 36) Athenaeus παίδων πύξ<br>Harpaleae f. Ephesius | | ignotus | Ol. 99 —103(?). |

---

28) Paus. 3, 7. VIII 45, 4, Diod. XIV 54, Afric. Rutg. 57, Foerst. 294.
29) Paus. 3, 8. VII 17, 6. 13, Philist. fr. 6, Afric. Rutg. 5, Foerst. 6, Rob. O. S.
173.       30) Paus. 3, 9, Xenoph. Hell. VII 1, 33. Rutg. 57, Foerst. 289, cf.
comm. De Nicodamo cf. 51. 54.       31) Paus. 3, 9. Rutg. 115, Foerst. 347.
De Cleone cf. 5.       32) Paus. 3, 11. Rutg. 130, Foerst. 331.   De Pantia
Rob. O. S. 193.       33) Paus. 3, 12, Diod. XV 14, Afric. Rutg. 58. 59, Foerst.
307. 315. 316, cf. comm.  Titulus Anth. Pal. XIII 15.       34) Paus. 3, 13.
Rutg. 124, Foerst. 575, cf. comm.       35) Paus. 3, 13. Rutg. 108, Foerst. 577,
cf. comm.       35a) Paus. 3, 14.  Statuam ante Lysandri mortem positam esse
epigramma docet; cf. comm.       36) Paus. 4, 1.  Rutg. 132, Foerst. 419.
Titulus Inschr. v. Ol. 168, de lapidis genere Purgold Baudenkm. v. Ol. II 150,
Loewy Stren. Helbig. 180; cf. comm.

| | | | |
|---|---|---|---|
| 37) Sostratus ὁ ἀκροχερσίτης παγκράτιον τρίς Sostrati f. Sicyonius | ignotus | Ol. 104. 105 (?). 106 (?). |
| 38) Leontiscus πάλην δίς Messenius ex Sicilia | Pythagoras | **Ol. 81. 82.** |
| 39) Satyrus πὺξ δίς Lysianactis f. Eleus | Silanion Atheniensis | Ol. 102. 103 (?). |
| 40) Amyntas παίδων παγκράτιον Hellanici f. Eresius | Polycles maior Atheniensis | Ol. 146 (?). |
| 41) Chilon πάλην δίς Chilonis f. Patrensis | Lysippus Sicyonius Ol. 103 —115 | Ol.103— 115 (?). Statua post mortem Chilonis dedicata est. |
| 41a) Molpion | statua ab Eleis dedicata, statuarius ignotus | incerta. |
| 41b) Aristoteles Nicomachi f. Stagirites | ignotus | „ |
| 42) Sodamas παίδων στάδιον Assius | ignotus | Ol.142—145(?). |
| 42a) Archidamus tertius (= 147c) Agesilai f. Lacedaemoniorum rex | „ | Ol. 110(?). |
| 43) Euanthes πύξ Cyzicenus | „ | incerta. |
| 44) Lampus τεθρίππῳ Philippensis | „ | post Ol. 105. |

37) Paus. 4, 1, cf. inscriptionem Delphicam Bull. corr. hell. VI 446 no. 76, et Frazerum ad loc. Rutg. 62. 63, Foerst. 349. 353. 359.     38) Paus. 4, 3, Pap. Oxyr., Plin. 34, 59. Rutg. 123, Foerst. 202. 203, Rob. O. S. 184.     39) Paus. 4, 5, C. I. Gr. Sept. I 4253. 4254. Rutg. 121, Foerst. 342. 348, cf. comm. 40) Paus. 4, 5. De patria Wilamowitz Herm. XI 274.     Rutg. 138, Foerst. 494, cf. comm. s. v. et s. 109.     41) Paus. 4, 6 s. Rutg. 66. 67, Foerst. 384. 392, cf. comm.     41a) Paus. 4, 8.     41b) Paus. 4, 8. Animadverte Lampum Philippensem sequi (44).     42) Paus. 4, 9. Rutg. 182, Foerst. 800, cf. comm. 42a) Paus. 4, 9 post mortem regis statuam collocatam esse dicit.     43) Paus. 4, 10. Rutg. 119, Foerst. 766. Ceterorum victorum Cyzicenorum Agemachus (118) Ol. 147, Diodorus (Paus. VII 16, 10) Ol. 160, Epinicus (Afric.) Ol. 246, Aurelius Metrodorus (CIG 3676) Ol. 253 vicerunt.     44) Paus. 4, 10. Rutg. 144, Foerst. 420. Philippi oppidum Ol. 105 conditum est.

8

| 45) | Cyniscus παίδων πύξ Cynisci f. Mantinensis | Polycletus maior | Ol. 80(?). |
| 46) | Ergoteles δόλιχον δίς Philanoris f. Gnosius et Himeraeus | ignotus | **Ol. 77. 79.** |
| 47) | Polydamas παγκράτιον Niciae f. Scotussaeus | Lysippus Sicyonius Ol. 103—115 | **Ol. 93.** Statua post mortem Polydamantis dedicata est. |
| 48) | Protolaus παίδων πύξ Dialcis f. Mantinensis | Pythagoras Rhegin. | Ol. 74(?). |
| 49) | Narycidas πάλην Damareti f. Phigalensis | Daedalus Phliasius Ol. 96. 98. 103 | Ol. 95 — 97. 99 —104(?). |
| 50) | Callias παγκράτιον Didymiae f. Atheniensis | Micon Atheniensis | **Ol. 77.** |
| 51) | Androsthenes παγκράτιον δίς Lochaei f. Maenalius | Nicodamus Arcas | **Ol. 90.** Ol. 91 (?). |
| 52) | Eucles πύξ Callianactis f. Diagorae nepos Rhodius | Naucydes Argivus | Ol. 90 — 93 (?). |
| 53) | Agenor παίδων πάλην Theopompi f. Thebanus | Polycletus minor Ol. 98 —103, Statua a Phocensibus dedicata | Ol. 93 —103 (?). |

45) Paus. 4, 11. Rutg. 134, Foerst. 255, Rob. O. S. 186. Titulus Inschr. v. Ol. 149, cf. Loewy Stren. Helb. 180. De statua v. Furtwaengler Masterpieces 223 s.    46) Paus. 4, 11, Pap. Oxyr., Pind. Ol. XII Schol., cf. Lipsius Ber. d. sächs. Ges. d. Wiss. 1900 p. 3.  Rutg. 40, Foerst. 206. 213, Rob. O. S. 173. 47) Paus. 5. VII 27, 6, Philostr. d. gymn. p. 272 Kays., Afric. Rutg. 55, Foerst. 279. De statua E. Preuner Delph. Weihgesch. 26. Fragmenta baseos Bildw. v. Olymp. tab. LV 1— 3 p. 209 ss.    48) Paus. 6, 1. Rutg. 136, Foerst. 200, Rob. O. S. 174. 184 s.    49) Paus. 6, 1. Rutg. 111, Foerst. 324. Titulus Inschr. v. Ol. 161, litterae saec. quarti ineuntis.    50) Paus. 6, 1. V 9, 3, Pap. Oxyr. Rutg. 41, Foerst. 208, Rob. O. S. 167. Titulus Inschr. v. Ol. 146. Statuae exemplum Furtwaenglerus in Museo Somzeano indagasse sibi videtur (tab. 3). 51) Paus. 6, 1, Thuc. V 49. Rutg. 51. 52, Foerst. 267. 272, cf. comm. sub 30) Antiocho.    52) Paus. 6, 2. Rutg. 119, Foerst. 297, Rob. O. S. 191. Titulus, sed renovatus, Inschr. v. Ol. 159.    53) Paus. 6, 2. Rutg. 128, Foerst. 355. De Polycleto minore Rob. O. S. 186 s., cf. ad 16.

| | | | |
|---|---|---|---|
| 54) Damoxenidas<br>Maenalius | πύξ | Nicodamus Arcas | Ol. 95 —100. |
| 55) Lastratidas<br>Paraballontis f. Eleus | παίδων πάλην | ignotus | Ol. 93 —103 (?). |
| 55a) *Paraballon*<br>*Eleus* | *δίαυλον* | *statua nulla* | *Ol. 91 — 101 (?).* |
| 56) Euthymus<br>Astyclis f. Locrensis | πὺξ τρίς | Pythagoras Rhegin. | **Ol. 74. 76. 77.** |
| 57) Pytharchus<br>Mantinensis | παίδων στάδιον | ignotus | Ol. 79 (?). |
| 58) Charmides<br>Eleus | παίδων πύξ | „ | Ol. 79 (?). |
| 59) Diagoras<br>Damageti f. Rhodius | πύξ | Callicles Megarensis | **Ol. 79.** |
| 60) Acusilas<br>Diagorae f. Rhodius | πύξ | ignotus | **Ol. 83.** |
| 61) Dorieus<br>Diagorae f. Rhodius | παγκράτιον τρίς | „ | **Ol. 87. 88. 89.** |
| 62) Damagetus<br>Diagorae f. Rhodius | παγκράτιον δίς | „ | **Ol. 82. 83.** |
| 63) Pisirodus<br>Diagorae n. Rhodius | παίδων πύξ | „ | Ol. 88 (?). |

54) Paus. 6, 3. Rutg. 119. Foerst. 319, cf. comm. sub 30) Antiocho et 51. Titulus Inschr. v. Ol. 158.   55) Paus. 6, 3. Rutg. 130, Foerst. 780, cf. comm. 55a) Paus. 6, 3, cf. comm.   56) Paus. 6, 4 ss., Pap. Ox. Rutg. 34. 38. 41, Foerst. 185. 195. 207, Rob. O. S. 167. 184.   Titulus Inschr. v. Ol. 144. 57) Paus. 7, 1. Rutg. 127, Foerst. 798, Rob. O. S. 174 s.   58) Paus. 7, 1. Rutg. 138, Foerst. 763, Rob. O. S. 174 s.   Titulus, sed renovatus, Inschr. v. Ol. 156.   59) Paus. 7, 1, Pind. Ol. VII, schol. Pind. Ol. VII 13.   Rutg. 43, Foerst. 220, Rob. O. S. 191. Titulus, sed renovatus, Inschr. v. Ol.151.   De Callicle Rob. O. S. 194 s., de Diagora v. Gelder Gesch. d. alt. Rhod. 435.   60) Paus. 7, 1 ss., Pap. Ox. Rutg. 49, Foerst. 252, Rob. O. S. 171.   61) Paus. 7, 1, Thuc. III 8. Rutg. 50. 51, Foerst. 258. 260. 262, Rob. O. S. 191. Titulus Inschr. v. Ol. 153.   62) Paus. 7, 1, Pap. Oxyr., Schol. Pind. Ol. VII arg. Rutg. 49, Foerst. 253, Rob. O. S. 171.   63) Paus. 7, 2. V 6, 7. Philostr. d. gymn. p. 270 s. K. Rutg. 135, Foerst. 314.

| 64) Alcaenetus<br>παίδων καὶ ἀνδρῶν πύξ<br>Theanti f. Lepreates | ignotus | Ol. 81. Ol. 84 (?). |
|---|---|---|
| 65) Hellanicus παίδων πύξ<br>Alcaeneti f. Lepreates | „ | Ol. 89. |
| 66) Theantus παίδων πύξ<br>Alcaeneti f. Lepreates | „ | Ol. 90. |
| 67) Gnathon παίδων πύξ<br>Dipaeensis | Callicles Megarensis | Ol. 85 (?). |
| 68) Lycinus παίδων πύξ<br>Eleus | ignotus | Ol. 86 (?). |
| 69) Dromeus δόλιχον δίς<br>Stymphalius | Pythagoras Rhegin. | Ol. 80 (?).<br>Ol. 81 (?). |
| 70) Pythocles πένταθλον<br>Eleus | Polycletus maior | Ol. 82. |
| 71) So⟨si⟩crates παίδων στάδιον<br>Pithonis f. Pellenaeus | ignotus | Ol. 80 (?). |
| 72) Amertas παίδων πάλην<br>Eleus | Phradmon Argivus | Ol. 84 — 85. 87<br>— 90 (?). |
| 73) Euanoridas παίδων πάλην<br>Eleus | ignotus | Ol.134--136 (?). |
| 74) Damarchus πύξ<br>Dinyttae f. Parrhasius | „ | aut ante Ol. 75<br>aut paullo post<br>Ol. 83. |

---

64) Paus. 7, 8, Pap. Oxyr. Rutg. 117. 132, Foerst. 241. 246, Rob. O. S. 170. 65) Paus. 7, 8. Rutg. 51, Foerst. 263. Titulus, sed renovatus, Inschr. v. Ol. 155. De statua Furtwaengler Masterp. 256. 66) Paus. 7, 8. Rutg. 52, Foerst. 269. 67) Paus. 7, 9. Rutg. 132, Foerst. 274, Rob. O. S. 174. 194, cf. ad 59. 68) Paus. 7, 9. Rutg. 134, Foerst. 781, cf. comm. 69) Paus. 7, 10. Rutg. 34. 35, Foerst. 183. 189, Rob. O. S. 166. 177, cf. comm. 70) Paus. 7, 10, Pap. Oxyr. Rutg. 114, Foerst. 295, Rob. O. S. 185. Titulus Inschr. v. Ol. 162. 163. 71) De nominis forma v. comm. Paus. 8, 1. VII 17, 14. Rutg. 45, Foerst. 280, Rob. O. S. 173. Titulus Inschr. v. Ol. 157. 72) Paus. 8, 1. Rutg. 129, Foerst. 268, cf. comm. 73) Paus. 8, 1, Polyb. V 94, 6, Inschr. v. Ol. 299. Rutg. 130, Foerst. 454, cf. comm. 74) Paus. 8, 2. Rutg. 118, Foerst. 452, cf. comm.

| | | | |
|---|---|---|---|
| 75) Eubotas στάδιον, τεϑρίππῳ<br>Cyrenaeus | | ignotus | **Ol. 93. 104.** |
| 76) Timanthes παγκράτιον<br>Cleonaeus | | Myron Atheniensis | **Ol. 81.** |
| 77) Baucis πάλην<br>Troezenius | | Naucydes Argivus | Ol. 85 — 90 (?). |
| 78) Euthymenes παίδων καὶ<br>Maenalius ἀνδρῶν πάλην | | Alypus Sicyonius | Ol. 94 — 104 (?). |
| 79) Arcas quidam ignotus πύξ | | Myron Atheniensis | aut Ol. 80 aut 84. |
| 79a) *Philippus* παίδων πύξ<br>*Pellenaeus* | | *statua nulla* | *Ol. 119 — 125 (?).* |
| 80) Critodamus παίδων πύξ<br>Lichae f. Clitorius | | Cleon Sicyonius<br>Ol. 98 | Ol. 94 — 103 (?). |
| 81) Promachus παγκράτιον<br>Dryonis f. Pellenaeus | | ignotus | **Ol. 94.** |
| 82) Timasitheus παγκράτιον δίς<br>Delphus | | Hagelaidas Argivus | Ol. 65 — 67 (?). |
| 83) Theognetus παίδων πάλην<br>Aeginetes | | Ptolichus Aeginetes | **Ol. 76.** |
| 84) Anonymus κάλπῃ | | ignotus | Ol. 72 — 84. |
| 85) Xenocles παίδων πάλην<br>Euthyphronis f. Maenalius | | Polycletus minor<br>Ol. 103 | Ol. 94 — 100 (?). |

75) Paus. 8, 3, Xen. Hell. I 2, 1, Diod. XIII 68, Afric. Rutg. 55, Foerst. 277. 350. 76) Paus. 8, 4, Pap. Oxyr. Rutg. 124, Foerst. 232, Rob. O. S. 170. 184. 77) Paus. 8, 4. Rutg. 108, Foerst. 318, cf. comm. 78) Paus. 8, 5. Rutg. 109. 130, Foerst. 290. 305. Ad Alypum cf. 1—3. 79 et 79a) Paus. 8, 5. Rutg. 138, Foerst. 222a N. Titulus Inschr. v. Ol. 174; cf comm. 80) Paus. 8, 5. Rutg. 134, Foerst. 337. Titulus Inschr. v. Ol. 167. Ad Cleonem cf. 5. 31. 81) Paus. 8, 5. VII 27, 5 s., Philost. d. gymn. p. 272 K. Rutg. 56, Foerst. 286. Altera statua in urbe patria Paus. VII 27, 5. 82) Paus. 8, 6, Herod. V 72. Rutg. 26, Foerst. 142. 148, Robert Arch. Märchen 39. 93 ss. Timasitheus ca. a. 507 interfectus est. 83) Paus. 9, 1, Pap. Oxyr., Pind. Ol. VIII 35 (cf. Wilamowitz Aristot. u. Athen II 302). Rutg. 37, Foerst. 193. 193 N., Rob. O. S. 165. 193 s. Epigramma Anth. Plan. 2 (Bergk PGL III⁴ p. 498). 84) Paus. 9, 2, cf. V 9, 1 s. 85) Paus. 9, 2. Rutg. 131, Foerst. 308. Titulus Inschr. v. Ol. 164; cf. comm. De Polycleto minore cf. 16. 53.

| 86) Alcetus                   $\pi\alpha\acute{\iota}\delta\omega\nu$ $\pi\acute{\upsilon}\xi$ | Cleon Sicyonius | Ol. 94 — 103 (?). |
| Alcinoi f. Clitorius | Ol. 98 | |
| 87) Aristeus                  $\delta\acute{o}\lambda\iota\chi o\nu$ | Pantias Chius | Ol. 86 — 93 (?). |
| Chimonis f. Argivus | | |
| 88) Chimon                    $\pi\acute{\alpha}\lambda\eta\nu$ | Naucydes Argivus | **Ol. 83.** |
| Argivus | | |
| 88a) *Taurosthenes*           $\pi\acute{\alpha}\lambda\eta\nu$ | *statua nulla* | **Ol. 84.** |
| *Aeginetes* | | |
| 89) Phillen (rectius Philys) | Cratinus Lacedae- | Ol. 63 — 66 (?). |
| Eleus          $\pi\alpha\acute{\iota}\delta\omega\nu$ $\pi\acute{\alpha}\lambda\eta\nu$ | monius | |
| 90) Gelon                     $\tau\varepsilon\vartheta\varrho\acute{\iota}\pi\pi\omega$ | Glaucias Aegineta | **Ol. 73.** |
| Dinomenis f. Gelanorum et | | |
| Syracusanorum rex | | |
| 90a) *Cleomedes*              $\pi\acute{\upsilon}\xi$ | *statua nulla* | **Ol. 71.** |
| *Astypalaeensis* | | |
| 91) Philon (= 136)   $\pi\grave{\upsilon}\xi$ $\delta\acute{\iota}\varsigma$ | Glaucias Aegineta | Ol. 72 (?). |
| Glauci f. Corcyraeus | | Ol. 73 (?). |
| 92) Agametor   $\pi\alpha\acute{\iota}\delta\omega\nu$ $\pi\acute{\upsilon}\xi$ | ignotus | Ol. 65 — 72 (?). |
| Mantinensis | | |
| 93) Glaucus   $\pi\alpha\acute{\iota}\delta\omega\nu$ $\pi\acute{\upsilon}\xi$ | Glaucias Aegineta | **Ol. 65.** |
| Demyli f. Carystius | | |
| 94) Damaretus   $\acute{o}\pi\lambda\acute{\iota}\tau\eta\nu$ $\delta\acute{\iota}\varsigma$ | | **Ol. 65. 66.** |
| Damareti f. Heraeensis | Eutelidas et Chry- | |
| 95) Theopompus $\pi\acute{\varepsilon}\nu\tau\alpha\vartheta\lambda o\nu$ $\delta\acute{\iota}\varsigma$ | sothemis Argivi | Ol. 69 (?). |
| Damareti f. Heraeensis | | Ol. 70 (?). |

---

86) Paus. 9, 2. Rutg. 132, Foerst. 320, cf. comm. De Cleone cf. 5. 31. 80.
87) Paus. 9, 2. Rutg. 106, Foerst. 329, Rob. O. S. 179.          88) Paus. 9, 3, Pap.
Oxyr. Rutg. 106, Foerst. 285, Rob. O. S. 171. 191.          88a) Paus. 9, 3. Rutg.
111, Foerst. 288. Statuam eius Olympiae non fuisse ipsa Pausaniae verba docent.
89) De nominis forma vid. comm. Paus. 9, 4. Rutg. 131, Foerst. 525, cf. comm.
Pater Anauchidae (131).          90) Paus. 9, 4. V 23, 6. Rutg. 32, Foerst. 180.
Titulus Inschr. v. Ol. 143.          90a) Paus. 9, 6 s. Rutg. 30, Foerst. 162, Kalkmann Pausanias d. Perieg. 104, Gurlitt Ueber Paus. 420.          91) Paus. 9, 9.
14, 13 (136). Rutg. 31, Foerst. 167. 179, cf. comm.          92) Paus. 9, 9. Rutg.
131, Foerst. 752, cf. comm.          93) Paus. 10, 1, Suid. s. v. (cum emendatione
Brunnii K. G. I 83), Bekker Anecd. 232, Philostr. de gymn. p. 272 K., Simonides
fr. 8 (P. L. Gr. III⁴ p. 390). Rutg. 25, Foerst. 137, cf. comm.          94 et 95) Paus.
10, 4. V 8, 10. VIII 26, 2. X 7, 4, Philostr. d. gymn. p. 268 K. Rutg. 25. 27.
113, Foerst. 135. 140. 168. 169, Rob. O. S. 178 s., cf. comm.

| | | | |
|---|---|---|---|
| 96) Theopompus πάλην δίς<br>Theopompi f. Heraeensis | ignotus | | Ol. 74(?).<br>Ol. 75(?). |
| 97) Iccus πένταθλον<br>Nicolaidae f. Tarentinus | „ | | **Ol. 76.** |
| 98) Pantarces παίδων πάλην<br>Eleus | „ | | **Ol. 86.** |
| 99) Cleosthenes τεθρίππῳ<br>Pontis f. Epidamnius | Hagelaidas Argivus | | **Ol. 66.** |
| 99a) *Miltiades* τεθρίππῳ<br>*Cypseli f. Atheniensis* | *statua nulla* | | *Ol. 54(?).* |
| 99b) Euagoras τεθρίππῳ τρίς<br>Lacedaemonius | ignotus | | Ol. 58 — 60(?). |
| 100) Lycinus παίδων στάδιον<br>Heraeensis | Cleon Sicyonius<br>Ol. 98 | | Ol. 94 — 103(?). |
| 101) Epicradius παίδων πύξ<br>Mantinensis | Ptolichus Aegineta | | Ol. 72 — 74(?). |
| 102) Tellon παίδων πύξ<br>Daëmonis f. Oresthasius | ignotus | | **Ol. 77.** |
| 103) Agiadas παίδων πύξ<br>Eleus | Serambus Aegineta | | Ol. 72 — 74(?). |

96) Paus. 10, 4 s. Rutg. 110, Foerst. 216. 217, Rob. O. S. 179. 97) Paus. 10, 5, Steph. Byz. v. *Τάρας,* Pap. Oxyr. Rutg. 113, Foerst. 240, Rob. O. S. 165. 98) Paus. 10, 6. V 11, 3. Rutg. 49, Foerst. 254, Loeschcke Tod d. Pheid. 37, Robert Herm. XXIII 446, Kalkmann Paus. d. Per. 90, Gurlitt Ueber Paus. 328, Frazer ad loc. 99) Paus. 10, 6 s. V 23, 5. Rutg. 27, Foerst. 143, Preger Epigr. 125. De basis fundamento v. cap. III; cf. comm. 99a) Paus. 10, 8. 19, 6. Rutg. 147, Foerst. 105, cf. comm. 99b) Paus. 10, 8, Herod. VI 103. Rutg. 141 s., Foerst. 77—79, cf. comm. 100) Paus. 10, 9. Rutg. 127, Foerst. 336. De Cleone cf. 5. 31. 80. 86. 101) Paus. 10, 9. Rutg. 133, Foerst. 228, Rob. O. S. 174. 194. 102) Paus. 10, 9, Pap. Oxyr. Rutg. 138, Foerst. 237, Rob. O. S. 167. Titulus Inschr. v. Ol. 147. 148. 103) Paus. 10, 9. Rutg. 132, Foerst. 519, cf. comm. Roehlius titulum, qui inter inscriptiones Olympiacas est no. 150, ad hanc statuam referre voluit obloquentibus Dittenbergero et aliis.

| | | |
|---|---|---|
| 103a) Philippus<br>Amyntae f. Macedonum rex | ignotus | |
| 103b) Alexander Magnus<br>Philippi f. Macedonum rex | „ | |
| 103c) Seleucus<br>Antiochi f. Macedo | „ | Ol. 112. 113(?). |
| 103d) Antigonus<br>Philippi f. Macedo | „ | |
| 104) Theagenes πύξ, παγκράτιον<br>Timosthenis f. Thasius | Glaucias Aegineta | Ol. 75. 76. |
| 105) Hieron κέλητι δίς,<br>τεθρίππῳ<br>Dinomenis f. Syracusanorum<br>rex | Onatas Aegineta et<br>Calamis | Ol. 76. 77. 78. |
| 105a) Hieron<br>Hieroclis f. Syracusanorum<br>rex | Micon Syracusanus;<br>statuae duae, una<br>equestris, pedestris<br>altera a filiis dedi-<br>catae | Ol. 140. 141(?). |
| 105b) Areus<br>Acrotati f. Lacedaemonio-<br>rum rex | ignotus,<br>statua ab Eleis dedi-<br>cata | Ol. 125(?). |
| 105c) Aratus<br>Cliniae f. Sicyonius | ignotus,<br>statua a Corinthiis<br>dedicata | Ol. 134. 135(?). |
| 105d) Timon (= 17) τεθρίππῳ<br>Aegypti f. Eleus | ignotus | post Ol. 101. |
| 106) Callon παίδων πύξ<br>Harmodii f. Eleus | Daippus Lysippi f.<br>Sicyonius | Ol.115—125(?). |
| 107) Hippomachus παίδων πύξ<br>Moschionis f. Eleus | ignotus | Ol.116—120(?). |

103a—d) Paus. 11, 1. Cf. comm.　104) Paus. 11, 2 s., cf. 6, 5 s.,
Pap. Oxyr. Rutg. 36. 38, Foerst. 191. 196, Rob. O. S. 165. 172.　105) Paus.
12, 1, Schol. Pind. Ol. I arg., Pap. Oxyr., Pind. Ol. I, Bacchyl. III. V. Rutg.
33. 41, Foerst. 199. 209. 215, Rob. O. S. 166. 167. 169.　105a) Paus.
12, 2 ss. Cf. comm.　105b) Paus. 12, 5. Cf. comm.　105c) Paus. 12, 5.
Cf. comm. Qua Olympiade Aratus quadriga vicerit, ignoratur. Rutg. 140,
Foerst. 463.　105d) Paus. 12, 6. Cf. comm.　106) Paus. 12, 6. Rutg. 134,
Foerst. 410, cf. comm. De Daippo Brunn K. G. I 407.　107) Paus. 12, 6.
Rutg. 133, Foerst. 773, cf. comm. et 181.

| | | | |
|---|---|---|---|
| 108) Theochrestus Theochresti n. Cyrenaeus | τεθρίππῳ | ignotus | Ol.100—122(?). |
| 108a) *Theochrestus avus* τεθρίππῳ | | *statua nulla* | *aut Ol. 85 aut post Ol. 91.* |
| 109) Agesarchus Haemostrati f. Tritaeensis | πύξ | Timocles et Timarchides Polyclis ff. Athenienses | Ol. 143 (?). |
| 110) Astylus στάδ. καὶ δίαυλ. τρίς, ὁπλίτην δίς Crotoniata | | Pythagoras Rheginus | Ol. 73. 74. 75. 76. |
| 111) Chionis στάδιον τετράκις, Lacedaemon. δίαυλον τρίς | | Myron Atheniensis | Ol. 28. 29. 30. 31. Statua post mortem eius, ut videtur, Ol. 77 vel 78 posita est. |
| 111a) *Hermogenes* στάδιον δίς, *Xanthius* δίαυλ. κ. ὁπλ. τρίς | | *statua nulla* | Ol. 215. 216. 217. |
| 111b) *Polites* στάδιον, δίαυλον, *Ceramius* δόλιχον | | „ „ | Ol. 212. |
| 111c) *Leonidas* στάδ. καὶ δίαυλ. *Rhodius* καὶ ὁπλ. τετράκις | | „ „ | Ol. 154. 155. 156. 157. |
| 112) Duris παίδων πύξ Duridis f. Samius | | Hippias | Ol. 114. |
| 113) Diallus παίδων παγκράτιον Pollidis f. Smyrnaeus | | ignotus | Ol. 147 (?). |

108 et 108a) Paus. 12, 7. Rutg. 142, Foerst. 801. 802, cf. comm. 109) Paus. 12, 8 s., Chrysippus ap. Euseb. pr. ev. VI 8, 28. Rutg. 117, Foerst. 529, Robert Herm. XIX 306 ss., cf. comm. 110) Paus. 13, 1, Dionys. Hal. VIII 1, Pap. Oxyr. Rutg. 32 ss., Foerst. 176. 177. 181. 182. 187. 188, Rob. O. S. 163 s. Titulus Inschr. v. Ol. 145; cf. comm. 111) Paus. 13, 2. III 14, 3. IV 23, 4. 10. VIII 39, 3, Afric., Joh. Antiochen. fr. 1 (FHG IV 540). Rutg. 10 ss., Foerst. 39. 41—46, cf. comm. 111a) Paus. 13, 3. Afr. Rutg. 90 s., Foerst. 654—656. 659. 660. 662—664. 111b) Paus. 13, 3, Afr. Rutg. 89, Foerst. 648—650. 111c) Paus. 13, 4, Philostr. d. gymn. p. 278, Afr., Joh. Antioch. fr. 1. Rutg. 76, Foerst. 495—497. 498—500. 502—504. 507—509. 112) Paus. 13, 5. Rutg. 136, Foerst. 398, Brunn K. G. I 423 s., P. Gardner Samos and Samian Coins 58. Hippias ceteroquin ignotus. Cf. comm. 113) Paus. 13, 6. Rutg. 139, Foerst. 490, cf. comm.

| | | | |
|---|---|---|---|
| 114) Thersilochus<br>Corcyraeus | παίδων πύξ | Polycletus major | Ol. 87 (?). |
| 115) Aristion<br>Theophilis f. Epidaurius | πύξ | „ „ | **Ol. 82.** |
| 116) Bycelus<br>Sicyonius | παίδων πύξ | Canachus minor<br>Sicyonius Ol. 94 | Ol. 92 —105 (?). |
| 117) Mnaseas<br>Cyrenaeus | ὁπλίτην | Pythagoras Rhegi-<br>nus | **Ol. 81.** |
| 118) Agemachus<br>Cyzicenus | στάδιον | ignotus | **Ol. 147.** |
| 119) ⟨Acestorides πώλων ἅρματι<br>Hermocreontis f. ex Troade<br>Alexandrinus | | „ | Ol. 142 —144.⟩ |
| 119a) *Tisander* πὺξ τετράκις<br>*Cleocriti f. Naxius* | | *statua nulla* | *Ol. 60 — 63 (?).* |
| 120) Phidolas<br>Corinthius | κέλητι | ignotus | Ol. 66 aut 67. |
| 121) Phidolae filii | κέλητι | „ | **Ol. 68.** |
| 121a) Agathinus<br>Thrasybuli f. Eleus | | statua a Pellenaeis<br>dedicata, statuarius<br>ignotus | Ol. 139 —144 (?). |
| 122) Telemachus<br>Telemachi f. Eleus | τεθρίππῳ | Philonides | Ol.115—130 (?). |
| 123) Aristophon<br>Lysini f. Atheniensis | παγκράτιον | ignotus | Ol.115—130 (?). |

114) Paus. 13, 6. Rutg. 133, Foerst. 369, cf. comm. 115) Paus. 13, 6, Pap. Oxyr. Rutg. 117, Foerst. 376, Loewy Stren. Helb. 180 n. 4, Rob. O. S. 171. 185 s. Titulus, sed renovatus, Inschr. v. Ol. 165. 116) Paus. 13, 7. Rutg. 132, Foerst. 291. De Canacho Brunn K. G. I 277. 117) Paus. 13, 7. 18, 1, Pap. Oxyr. Rutg. 29, Foerst. 184, Rob. O. S. 170. 118) Paus. 13, 7, Afric. Rutg. 75, Foerst. 485. 119) Paus. 13, 7, Inschr. v. Ol. 184. Cf. comm. 119a) Paus. 13, 8, Philostr. d. gymn. p. 284 K. Rutg. 22, Foerst. 115. 119. 123. 124, cf. comm. 120) Paus. 13, 9. Rutg. 150, Foerst. 129. 149 a N., cf. comm. 121) Paus. 13, 10. Rutg. 28, Foerst. 152, cf. comm. 121a) Paus. 13, 11. Rutg. 153, Foerst. 753, cf. comm. De patre v. 14a. 122) Paus. 13, 11. Rutg. 148, Foerst. 513. Titulus Inschr. v. Ol. 177. Cf. comm. Philonides ceteroquin ignotus est. 123) Paus. 13, 11. Rutg. 122, Foerst. 758. Titulus Inschr. v. Ol. 169. Cf. comm.

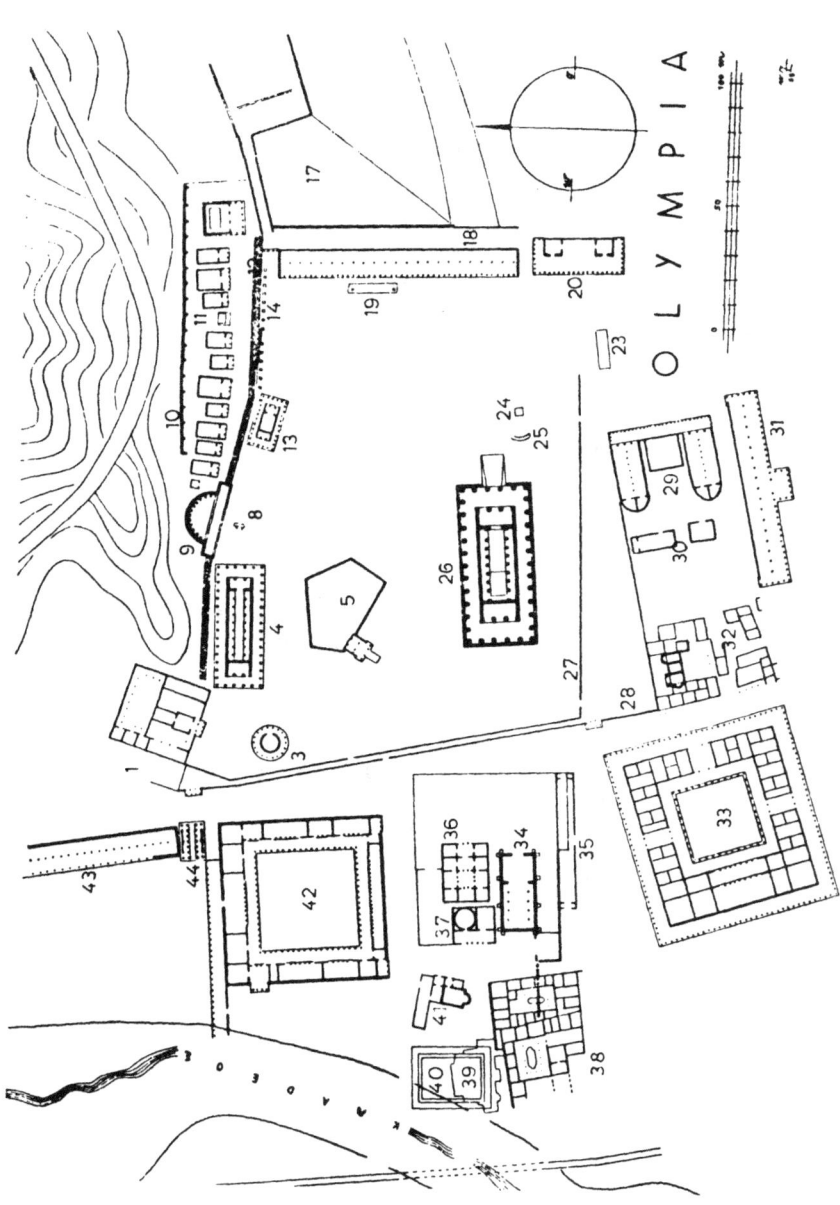

OLYMPIA

# GUIDE TO THE PLAN OF THE SANCTUARY

1. Prytaneum.
2. Geometric altar of Hestia.
3. Philippeion.
4. Heroon.
5. Pelopion.
6. Houses of the 2nd millenary b.C.
7. Presumed position of the altar of Zeus.
8. Altar of Hereon.
9. Nympheon or Exhedra of Herod Atticus.
10. Kronion supporting wall.
11. Treasuries:

    a) Ilithias Sanctuary.
    b) Sicyon.
    c) Unknown.
    d) Unknown.
    e) Syracuse.
    f) Epidamnos.
    g) Byzantium.
    h) Sybaris.
    i) Cyrene.
    j) Selinus.
    k) Metaponte.
    l) Megara.
    m) Gela.

12. Terrace of Treasuries.
13. Metroon.
14. Pedestals of the Zannes.
15. Locality of Stadium I.
16. Locality of Stadium II.
17. Stadium III-V.
18. Echo Portico.
19. Pedestal of Ptolemee's Offering.
20. Southeastern Edifice.
21. House of Nero.
22. Octagone.
23. Nero's triumphal arch.
24. Pedestal of the statue of victory.
25. Pedestal of Achaean heroes.
26. Temple of Zeus.
27. 4th century b.C. Altis enclosure.
28. Roman enclosure.
29. Bouleterion.
30. Areas connected to the Bouleuterion.
31. South Portico.
32. South thermal baths.
33. Leonideon.
34. Phidias' workshop-early christian basilica.
35. Workshops.
36. Theokoleon.
37. Greek baths-Heroon.
38. Roman hostels.
39. Kladeos thermal baths.
40. Pool.
41. Greek baths.
42. Palestra.
43. Gymnasium.
44. Gymnasium propylon.
45. North thermal baths.

| 124) Pherias Aegineta | παίδων πάλην | ignotus | Ol. 79. |
|---|---|---|---|
| 125) Nicasylus Rhodius | πάλην | „ | incerta. |
| 125a) *Artemidorus Trallianus* | παγκράτιον | *statua nulla* | Ol. 212. |
| 126) Crocon Eretriensis | κέλητι | ignotus | aut Ol. 69 aut 70 aut ante 67. |
| 127) Telestas Messenius | παίδων πύξ | Silanion Atheniensis | Ol.102—114(?). |
| 128) Milon παίδ. πάλην, πάλην Crotoniates πεντάκις | | Dameas Crotoniates | Ol. 61(?). 62. 63. 64. 65. 66. |
| 128a) Pyrrhus Aeacidae f. rex Epiri | | statua a Thrasybulo (14a) dedicata, statuarius ignotus | Ol. 127(?). |
| 128b) Pythocritus αὐλητής Callinici f. Sicyonius | | ignotus | Ol. 58—62(?). |
| 128c) Cylon Eleus | | statua ab Aetolis posita est, statuarius ignotus | Ol. 127(?). |
| 129) Gorgus πένταθλον Eucleti f. Messenius | | Theron Boeotius | Ol. 138. 139(?). |
| 130) Damaretus παίδων πύξ Messenius | | Silanion Atheniensis | Ol.102—114(?). |
| 131) Anauchidas παίδων καὶ ἀνδρῶν πάλην Philyis f. Eleus | | ignotus | Ol. 71(?). Ol. 72 — 73(?). |
| 132) Anochus στάδιον, δίαυλον Adamatae f. Tarentinus | | Hagelaidas Argivus | Ol. 65. Ol. 66(?). |

124) Paus. 14, 1. Rutg. 43, Foerst. 222, Rob. O. S. 173. 125) Paus. 14, 1 s. Rutg. 111, Foerst. 787, v. Gelder Gesch. d. alt. Rhod. 435 s., cf. comm. 125a) Paus. 14, 2 s. Rutg. 90, Foerst. 651, cf. comm. 126) Paus. 14, 4. Rutg. 150, Foerst. 778, cf. comm. 127) Paus. 14, 4. Rutg. 138, Foerst. 378. De Silanione cf. comm. ad 39. 128) Paus. 14, 5 ss. Rutg. 22, Foerst. 116. 122. 126. 131. 136. 141. De Damea Pauly-Wissowa IV 2053. 128a—c) Paus. 14, 9—11, cf. comm. 129) Paus. 14, 11, Polyb. V 5, 4. Rutg. 113, Foerst. 465. Cf. comm. 130) Paus. 14, 11. Rutg. 133, Foerst. 373. De Silanione cf. comm. ad 39. 131) Paus. 14, 11, cf. 16, 1. Rutg. 108, Foerst. 755. 756, cf. comm. 132) Paus. 14, 11. Rutg. 25, Foerst. 133. 134.

| | | | |
|---|---|---|---|
| 133) Xenombrotus Cous | κέλητι | Philotimus Aegineta | Ol. 83 (?). |
| 134) Xenodicus παίδων πύξ Xenombroti f. Cous | | Pantias Chius | Ol. 84 (?). |
| 134a) Pythes Andromachi f. Abderites | | Lysippus, statuae duae | Ol. 103 —115. |
| 135) Meneptolemus παίδων Apolloniates στάδιον | | ignotus | Ol. 69. 70 (?). |
| 136) Philon (= 91) παίδων στάδ. Glauci f. Corcyraeus | | „ | Ol. 69. 70 (?). |
| 137) Hieronymus πένταθλον Andrius | | Stomius | Ol. 75 (?). |
| 138) Procles παίδων πάλην Lycastidae f. Andrius | | Somis | incerta. |
| 139) Aeschines πένταθλον δίς Eleus | | ignotus | Ol. 126 —132. |
| 140) Archippus πύξ Calliphanis f. Mytilenaeus | | „ | Ol. 115 —125. |
| 141) Xenon παίδων στάδιον Callitelis f. ex Lepreo Triphylius | | Pyrilampes Messenius | Ol. 105 (?). |
| 142) Clinomachus πένταθλον Eleus | | ignotus | incerta. |
| [143) Pantarces (κέλητι) Eleus | | statua ab Achaeis dedicata, statuarius ignotus | Ol. 141.] |

133 et 134) Paus. 14, 12. Rutg. 135. 150, Foerst. 327. 332, Rob. O. S. 179 ss. 193. Titulus Inschr. v. Ol. 154, ad alterum Xenombroti monumentum a Pausania non commemoratum pertinet inscriptio Olympica 170. Cf. comm. 134a) Paus. 14, 12. 135) Paus. 14, 13. Rutg. 127, Foerst. 784, cf. comm. 136) Paus. 14, 13. Rutg. 128, Foerst. 156a, cf. comm. et 91. 137) Paus. 14, 13. III 11, 6, Herod. IX 33. 35. Rutg. 35, Foerst. 190, Rob. O. S. 178. Stomius ceteroquin ignotus est. 138) Paus. 14, 13. Rutg. 131, Foerst. 523, cf. comm. Somis ceteroquin ignotus est. 139) Paus. 14, 13. Rutg. 112, Foerst. 451. 456. Titulus Inschr. v. Ol. 176, cf. comm. 140) Paus. 15, 1. Rutg. 117, Foerst. 757. Titulus Inschr. v. Ol. 173, cf. comm. 141) Paus. 15, 1. Rutg. 127, Foerst. 581, cf. comm. 142) Paus. 15, 1. Rutg. 114, Foerst. 776. 143) Paus. 15, 2. Rutg. 150, Foerst. 467, cf. comm.

| | | | |
|---|---|---|---|
| 143a) | Olaidas<br>Eleus | statua ab Aetolis de-<br>dicata, statuarius<br>ignotus | Ol. 141 (?). |
| 144) | Charinus *δίαυλον, ὁπλίτην*<br>Eleus | ignotus | incerta. |
| 145) | Angeles *παίδων πύξ*<br>Chius | Theomnestus Sar-<br>dianus | Ol. 115—120. |
| 146) | Clitomachus *παγκράτ., πύξ*<br>Hermocratis f. Thebanus | ignotus | **Ol. 141. 142.** |
| 147) | Epitherses *πύξ δίς*<br>Metrodori f. Erythraeus | Pythocritus Rhodius | Ol.144—147 (?). |
| 147a) | Hiero<br>Hieroclis f. Syracusanorum<br>rex | statuae tres, quarum<br>una a filiis, duae<br>a civibus consecra-<br>tae erant, statuarii<br>ignoti | Ol. 128—141 (?). |
| 147b) | Timoptolis<br>Lampidis f. Eleus | statua a Cephallenibus<br>posita, statuarius<br>ignotus | incerta. |
| 147c) | Archidamus tertius (= 42a)<br>Agesilai f. rex Lacedaemo-<br>niorum | ignotus | Ol. 105—110(?). |
| 147d) | Venator ignotus | „ | incerta. |
| 147e) | Demetrius Poliorcetes<br>Antigoni f. | statuae a Byzantiis<br>dedicatae, statua-<br>rius ignotus | **Ol. 118.** |
| 147f) | Antigonus<br>Philippi f. rex Macedonum | | |
| 148) | Eutelidas *παίδων πάλην,*<br>*παίδων πένταθλον*<br>Lacedaemonius | ignotus | **Ol. 38.** |

---

143a) Paus. 15, 2. Cf. comm.        144) Paus. 15, 2. Rutg. 106. 126.
Foerst. 761.        145) Paus. 15, 2. Ἀγέλης codd., Ἀγγέλης scribendum esse
suspicor coll. titulo Rhodio (Bull. corr. hell. IX 86, 27 = I. G. Ins. 1, 764). Rutg.
131, Foerst. 517, cf. comm.        146) Paus. 15, 3 ss., Polyb. XXVII 7 b, Alcaeus
minor in Anth. Pal. IX 588. Rutg. 72. 73, Foerst. 472. 476.        147) Paus.
15, 6. Rutg. 119, Foerst. 510. 512, cf. comm.        147a) Paus. 15, 6. Cf. comm.
147b) Paus. 15, 7.        147c) Paus. 15, 7. Cf. 42a.        147d) Paus. 15, 7.
147e. f) Paus. 15, 7. Tituli Inschr. v. Ol. 304. 305, cf. comm.        148) Paus.
15, 8. V 9, 1, Afric., Philostr. d. gymn. p. 268 K. Rutg. 15. 104 n. 2, Foerst. 61.
62, cf. comm.

| | | |
|---|---|---|
| 148a) Areus<br>Acrotati f. rex Lacedaemoniorum | statua a Ptolemaeo Philadelpho dedicata est, statuarius ignotus | Ol. 124—128. |
| 149) Gorgus *παγκράτιον τετράκις, δίαυλον, ὁπλίτην* Eleus | ignotus | incerta. |
| 149a) Ptolemaeus primus Lagi f. rex Aegypti | ,, | Ol. 124—128(?). |
| 150) Caper *παγκράτιον, πάλη* Pythagorae f. Eleus | statuae duae, statuarius ignotus | Ol. 142. |
| [150a) Anauchidas = 131.] | | |
| [151) Pherenicus *παίδων πάλην* Eleus | ignotus | incerta.] |
| 151a) Plistaenus Eurydami f. Aetolus | statua a Thespiensibus dedicata, statuarius ignotus | Ol. 130—135(?). |
| 151b) Antigonus *ὁ μονόφθαλμος* Philippi f. rex Macedoniae<br>151c) Seleucus Nicator Antiochi f. Syriae rex | statuae a Tydeo Eleo dedicatae, statuarius ignotus | Ol. 118. 119(?). |
| 152) Timon *πένταθλον* Eleus | ignotus | Ol. 146. 147 (?). |
| 152a) Antigonus Doson et Philippus III a Graecia coronati | " | Ol. 140(?). |
| 152b) Demetrius Poliorcetes ab Elide coronatus | " | Ol. 119(?). |
| 153) Aristides *ὁπλίτην* Eleus | " | incerta. |

---

148a) Paus. 15, 9. Titulus Inschr. v. Ol. 308, cf. comm.  149) Paus. 15, 9. Rutg. 105. 113. 125, Foerst. 767—772.  149a) Paus. 15, 10. Cf. comm. ad 148a.  150) Paus. 15, 10. Rutg. 73, Foerst. 474. 475. Statuarum reliquiae Bronzen v. Ol. tab. II. III, cf. comm.  150a) Paus. 16, 1. Cf. comm.  151) Paus. 16, 1. Rutg. 131, Foerst. 795, cf. comm.  151a) Paus. 16, 1. Plistaeni pater Eurydamus a. 273 Aetolorum exercitui in bello cum Gallis gesto praefuit (cf. Iustins XXIV 6—8, Niese Gesch. d. Hellen. II 16 ss.).  151b. c) Paus. 16, 2. Cf. 103c. d. 147f.  152) Paus. 16, 2. Rutg. 115, Foerst. 391, cf. comm. Epigramma Paus. V 2, 5.  152a) Paus. 16, 3. Statuas post pugnam ad Sellasiam commissam positas esse verisimile est.  152b) Paus. 16, 3. Curtius Topogr. v. Olympia 55.  153) Paus. 16, 4. Rutg. 125, Foerst. 698, cf. comm.

| | | | |
|---|---|---|---|
| 154) Menalceas<br>Eleus | $\pi\acute{\varepsilon}\nu\tau\alpha\vartheta\lambda o\nu$ | ignotus | incerta. |
| 154a) Philonides<br>Zoti f. Cretensis | | „ | Ol. 111—114. |
| 155) Brimias<br>Eleus | $\pi\acute{v}\xi$ | „ | incerta. |
| 155a) Leonidas<br>Leotae f. Naxius | | statua a Psophidiis<br>dedicata, statuarius<br>ignotus | Ol. 111—119(?). |
| 156) Asamon<br>Eleus | $\pi\acute{v}\xi$ | Pyrilampes Messe-<br>nius | Ol.103—113(?). |
| 157) Nicander<br>Eleus | $\delta\acute{\iota}\alpha\upsilon\lambda o\nu\ \delta\acute{\iota}\varsigma$ | Daippus Sicyonius | Ol.115—125(?). |
| 158) Eualcidas $\pi\alpha\acute{\iota}\delta\omega\nu\ \pi\grave{v}\xi\ \delta\acute{\iota}\varsigma$<br>Eleus | | ignotus | incerta. |
| 159) Seleadas<br>Lacedaemonius | $\pi\acute{\alpha}\lambda\eta\nu$ | „ | Ol. 120—145. |
| 160) Polypithes<br>Callitelis f. Lacedaemonius | $\tau\varepsilon\vartheta\varrho\acute{\iota}\pi\pi\psi$ | } „ | Ol. 68—70(?). |
| 161) Calliteles<br>Lacedaemonius | $\pi\acute{\alpha}\lambda\eta\nu$ | | Ol. 66—68(?). |
| 161a) Lampus<br>Arnisci f. Eleus<br><br>161b) Ignotus<br>Aristarchi f. Eleus | | } statuae a Psophidiis<br>positae, statuarius<br>ignotus | } Ol.111—119(?). |
| 162) Lysippus $\pi\alpha\acute{\iota}\delta\omega\nu\ \pi\acute{\alpha}\lambda\eta\nu$<br>Eleus • | | Andreas Argivus<br>Ol. 153 | Ol.149—157(?). |

154) Paus. 16, 5. Rutg. 114, Foerst. 783.  154a) Paus. 16, 5. Titulus Inschr. v. Ol. 276. 277, cf. comm.  155) Paus. 16, 5. Rutg. 118, Foerst. 759. 155a) Paus. 16, 5, cf. V 15, 2. Titulus Inschr. v. Ol. 294, cf. 651; cf. comm. 156) Paus. 16, 5. Rutg. 117, Foerst. 583, cf. comm. De Pyrilampe v. comm. ad 24. 157) Paus. 16, 5. Rutg. 105, Foerst. 408. 413. De Daippo cf. 106.  158) Paus. 16, 6. Rutg. 133, Foerst. 142a. 148a, cf. comm.  159) Paus. 16, 6. Rutg. 111, Foerst. 799. Titulus Inschr. v. Ol. 183, cf. comm.  160. 161) Paus. 16, 6. Rutg. 110. 148, Foerst. 774. 797. Titulus Inschr. v. Ol. 632, cf. comm. 161a. b) Paus. 16, 7. Cf. comm.  162) Paus. 16, 7. Rutg. 130, Foerst. 515. De Andrea Loewy Inschr. gr. Bildh. 475, Dittenberger Inschr. v. Ol. 318, Kaibel Herm. XXII 154, Pauly-Wissowa I 2137.

| | | | |
|---|---|---|---|
| 163) Dinosthenes<br>Dinosthenis f. Lacedae-<br>monius | στάδιον | ignotus | **Ol. 116.** |
| 164) Theodorus<br>Eleus | πένταϑλον | „ | incerta. |
| 165) Pyttalus<br>Lampidis f. Eleus | παίδων πύξ | Sthennis Olynthius<br>Ol. 118 | Ol. 108 —119. |
| 166) Neolaidas παίδων στάδιον,<br>Eleus | ὁπλίτην | ignotus | incerta. |
| 166a) Ptolemaeus incertus | | „ | „ |
| 167) Paeanius<br>Damatrii f. Eleus | πάλην | „ | **Ol. 141.** |
| 168) Clearetus<br>Eleus | πένταϑλον | „ | incerta. |
| 169) Glaucon<br>Eteoclis f. Atheniensis | τεϑρίππῳ | „ | Ol.128—137 (?). |

## 2. Statuae in altero cursu a Pausania notatae.

| | | | |
|---|---|---|---|
| 170) Democrates<br>Hegetoris f. Tenedius | πάλην | Dionysicles Mile-<br>sius | Ol.120—132(?). |
| 171) Criannius<br>Eleus | ὁπλίτην | Lysus Macedo | post Ol. 114. |
| 172) Herodotus παίδων στάδιον<br>Clazomenius | | ignotus | Ol.114—132(?). |
| 173) Philinus στάδιον δίς, prac-<br>terea δρόμου νίκαι τρεῖς<br>Hegepolidis f. Cous | | „ | **Ol. 129. 130.** |

163) Paus. 16, 8, Diod. XIX 17, Afric. Rutg. 68, Foerst. 403. Titulus Inschr. v. Ol. 171. 164) Paus. 16, 8. Rutg. 113, Foerst. 803. 165) Paus. 16, 8. Rutg. 136, Foerst. 382, cf. comm. 166) Paus. 16, 8. Rutg. 105. 125. 127, Foerst. 785. 786. 166a) Paus. 16, 9. 167) Paus. 16, 9. 15, 10. V 21, 9. Rutg. 77, Foerst. 471. Titulus Inschr. v. Ol. 179. 168) Paus. 16, 9. Rutg. 114, Foerst. 775. 169) Paus. 16, 9. Rutg. 141, Foerst. 446. Titulus Inschr. v. Ol. 178, cf. 296. 170) Paus. 17, 1, Inschr. v. Ol. 39. Rutg. 109, Foerst. 461, cf. comm. 171) Paus. 17, 1. Rutg. 109, Foerst. 521, cf. comm. 172) Paus. 17, 2. Rutg. 127, Foerst. 354, cf. comm. 173) Paus. 17, 2, Afric. Rutg. 70, Foerst. 440. 441. 442. 444. 445, cf. comm.

| | | | |
|---|---|---|---|
| 173a) Ptolemaeus Philadelphus<br>Ptolemaei f. rex Aegypti | | statuam Aristolaus<br>Macedo ponendam<br>curavit, statuarius<br>ignotus | Ol. 124—129 (?). |
| 174) Butas $\pi\alpha\ell\delta\omega\nu$ $\pi\acute{v}\xi$<br>Polynicis f. Mycalessius | | ignotus | incerta. |
| 175) Callicrates $\delta\pi\lambda\ell\tau\eta\nu$ $\delta\ell\varsigma$<br>Magnes | | Lysippus Sicyonius<br>Ol. 103—115 | Ol. 103—115. |
| 176) Enation $\pi\alpha\ell\delta\omega\nu$ $\sigma\tau\acute{\alpha}\delta\iota o\nu$<br>Arcas | | ignotus | Ol. 81. |
| 177) Alexibius $\pi\acute{e}\nu\tau\alpha\vartheta\lambda o\nu$<br>Heraeensis | | Acestor Gnosius | Ol. 80 (?). |
| 178) Hermesianax $\pi\alpha\ell\delta\omega\nu\pi\acute{\alpha}\lambda\eta\nu$<br>Agoneae f. Colophonius | | ignotus | Ol.115—118 (?). |
| 179) Icasius $\pi\alpha\ell\delta\omega\nu$ $\pi\acute{\alpha}\lambda\eta\nu$<br>Lycini f. Hermesianactis n. Colophonius | | „ | Ol.127—135 (?). |
| 180) Choerilus $\pi\alpha\ell\delta\omega\nu$ $\pi\acute{v}\xi$<br>Eleus | | Sthennis Olynthius<br>Ol. 118 | Ol.108—119 (?). |
| 181) Theotimus $\pi\alpha\ell\delta\omega\nu$ $\pi\acute{v}\xi$<br>Moschionis f. Eleus | | Daetondas Sicyonius | Ol.116—120 (?). |
| 182) Archidamus $\tau\epsilon\vartheta\varrho\ell\pi\pi\omega$<br>Eleus | | ignotus | incerta. |
| 183) Eperastus $\delta\pi\lambda\ell\tau\eta\nu$<br>Theogoni f. Eleus | | „ | post Ol. 111. |

---

173a) Paus. 17, 3. Cf. comm.   174) Paus. 17, 3 ($M\iota\lambda\acute{\eta}\sigma\iota o\varsigma$ codd., corr. Schubart). Rutg. 132, Foerst. 760.   175) Paus. 17, 3. Rutg. 125, Foerst. 390. 397.   176) Paus. 17, 3 ($E\mu\alpha\nu\tau\ell\omega\nu$, $E\mu\alpha\nu\tau\ell\omega\nu$, $I\mu\alpha\nu\tau\ell\omega\nu$ codd., corr. Bechtel), Pap. Oxyr. Rutg. 126, Foerst. 764, Rob. O. S. 170.   177) Paus. 17, 4. Rutg. 112, Foerst. 236, Rob. O. S. 178. De Acestore v. Robert Arch. Märchen 14, Pauly-Wissowa I 1167.   178. 179) Paus. 17, 4. Rutg. 129, Foerst. 377. 427, cf. comm.   180) Paus. 17, 5. Rutg. 138, Foerst. 387, cf. comm.   181) Paus. 17, 5. Rutg. 133, Foerst. 401, cf. comm. De Daetonda Pauly-Wissowa IV 2015.   182) Paus. 17, 5. Rutg. 141, Foerst. 38, cf. comm. 183) Paus. 17, 5. Rutg. 125, Foerst. 765, cf. comm.

24

### 3. Statuae dispersae.

| | | | |
|---|---|---|---|
| 184) Alexinicus Eleus | παίδων πάλην | Cantharus Sicyonius Eutychidis discip. | Ol.120—130(?). |
| 184a) Gorgias Carmantidis f. Leontinus | | statua ab Eumolpo, Gorgiae sororis nepote, dedicata est; statuarius ignotus | Ol. 95—102 (?). |
| 185) Cratisthenes Mnaseae f. Cyrenaeus | τεθρίππω | Pythagoras Rheginus | Ol. 83 (?). |
| 185a) Anaximenes Aristoclis f. Lampsacenus | | statua a Lampsacenis dedicata est; statuarius ignotus | Ol. 111 (?). |
| 186) Sotades Cres | δόλιχον δίς | ignotus | **Ol. 99. 100.** |

### 4. Statuae antiquissimae.

| | | | |
|---|---|---|---|
| 187) Praxidamas Soclidae f. Aegineta | πύξ | ignotus | **Ol. 59.** |
| 188) Rhexibius Opuntius | παγκράτιον | „ | **Ol. 61.** |

---

184) Paus. 17, 7. Rutg. 129, Foerst. 438. De Cantharo cf. 27.     184a) Paus. 17, 7.   Titulus Inschr. v. Ol. 293.     185) Paus. 18, 1.   Rutg. 143, Foerst. 193a, Rob. O. S. 175 s.     185a) Paus. 18, 2.   Brzoska ap. Pauly-Wissowa I 2087. 186) Paus. 18, 6.   Rutg. 60, Foerst. 317. 323.     187) Paus. 18, 7, Pind. Nem. VI 15.   Rutg. 21, Foerst. 113.     188) Paus. 18, 7.   Rutg. 23, Foerst. 120.

## Caput II.

## Commentarius.

1—6) E sex qui agmen ducunt victoribus quinque Elei
sunt, unus Phenei civis, oppidi Elidi coniunctissimi. Quorum
cum Troilum (6) Ol. 102 et 103 vicisse constet, Dinolochi (5)
autem statua a Cleone, Symmachi, Neolaidae, Archedami (1—3)
imagines ab Alypo factae sint, quos artifices initio saeculi quarti
floruisse constat, Cleogenis (4) victoriam eidem fere tempori
adscribere non dubitabimus.

7—14) Series victorum Spartanorum, inter quos primus
Anaxander Ol. 79, ultima Cynisca fere Ol. 97 vicisse videtur,
interrumpitur statua Acarnanis cuiusdam pancratiastae (10)
interposita, de cuius nomine dubitari potest. Apponamus igitur
ipsius Pausaniae verba VI 2, 1: Παγκρατιαστοῦ δὲ ἀνδρὸς
τὸν μὲν ἀνδριάντα εἰργάσατο Λύσιππος· ὁ δὲ ἀνὴρ οὗτος
ἀνείλετο ἐπὶ παγκρατίῳ νίκην τῶν ἄλλων τε¹) Ἀκαρνάνων²)
καὶ τῶν³) ἐξ αὐτῆς Στράτου πρῶτος Ξενάρχης⁴) τε ἐκαλεῖτο
Φιλανδρίδου. Λακεδαιμόνιοι δὲ⁵) ἄρα μετὰ τὴν ἐπιστρατείαν
τοῦ Μήδου διετέθησαν πάντων φιλοτιμότατα Ἑλλήνων πρὸς
ἵππων τροφάς. Χωρὶς γὰρ ἢ ὅσους αὐτῶν κατέλεξα ἤδη,
τοσοίδε ἄλλοι τῶν ἐκ Σπάρτης ἱπποτρόφων μετὰ τὴν εἰκόνα
ἀνάκεινται τοῦ Ἀκαρνᾶνος ἀθλητοῦ, Ξενάρχης⁶) καὶ Λυκῖνος

---

1) τε deest in Va M Lb; τῶν δὲ ἄλλων Vb.

2) Ἀκαρνὰς Va R.

3) τοῦ codd., corr. Kuhn.; καὶ — Στράτου om. Va R.

4) καὶ Ξενάρχης Va, καὶ Ξενάρχης R, καὶ Ξενάλχης M.

5) Λακεδαιμονίων, οἱ δὲ codd. (οἱ δὲ bis Va), corr. aliis praecuntibus Schub. Walz.

6) Ξενάρχης codd. praeter Va.

'Αρκεσίλαός τε καὶ ὁ παῖς τοῦ 'Αρκεσιλάου Λίχας. Ξενάρχη [1]) μὲν δὴ καὶ ἐν Δελφοῖς καὶ ἐν 'Αργει τε ὑπῆρξε καὶ ἐν Κορίνθῳ προσανελέσθαι νίκας κτλ. Primo obtutu apparet nomen Xenarchis primo loco male insertum esse, cum librarii oculi ad verba sequentia Ξενάρχης καὶ Λυκῖνος aberrarent. Itaque Ξενάρχης vocabulo expuncto vulgo inter πρῶτος et τε lacunam statuunt editores, aut plura aut nomen tantum pancratiastae excidisse rati, Philandridam autem nomen patris fuisse; cui sententiae etiam Furtwaenglerus (Bronzen von Olympia p. 11) adstipulatus est. Non nego ita sese rem habere posse, sed cum codices inter Ξενάρχης τε et καὶ Ξενάρχης fluctuare videam, vereor ne utraque copula interpolata sit. Quod si recte statuo, etiam verba sequentia ἐκαλεῖτο Φιλανδρίδου interpolatoris manum perpessa esse verisimile est. Suspicor igitur neque inter πρῶτος et ἐκαλεῖτο sententiam hiare, neque patris, sed ipsius victoris nomen fuisse Philandridam, ita ut pro genetivo nominativus restituendus et δὲ particula post ἐκαλεῖτο inserenda sit. Itaque scribi iubeo: ὁ δὲ ἀνὴρ οὗτος ἀνείλετο ἐπὶ παγκρατίῳ νίκην ..... πρῶτος, ἐκαλεῖτο δὲ Φιλανδρίδας. Hunc igitur Philandridam Lysippus aere expressit. Lysippum autem alii circa Ol. 103, alii non ante Ol. 105 statuas facere coepisse contendunt, illi Troili monumentum statim post alteram eius victoriam erectum esse arbitrati, hi titulo basis cuiusdam (Loewy 487) Σέλευκος βασιλεύς. Λύσιππος ἐποίει confisi, ex quo concludunt Lysippum etiam post annum 306, quo anno Seleucus rex appellari coeptus est, vixisse neque igitur iam ante a. 360 operari potuisse; cuius sententiae nuper acerrimus vindex extitit Ericus Preunerus [2]). At opificem illum, qui posteriore aetate Seleucum Lysippi imitatus est, in exemplo regis titulum tum quoque addere potuisse, immo debuisse, si Lysippus Seleuci imaginem multis annis ante a. 306 fecerat, apertum est. Huius igitur argumenti vis non magni est habenda. Neque ullum aliud extat testimonium, quod Lysippum post a. 320, cui tempori Preunerus

---

1) Ξενάρχει M, Ξενάργει Lab Vab, Ξενάργη Pc Ag.

2) Ein delphisches Weihgeschenk p. 25. cf. eundem Bonner Studien p. 220. Furtwaengler Meisterw. 523 n. 3 Lysippi opera inter annos 350—300 includit.

venationem Delphicam recte adscribere videtur, operatum esse
evincat. Itaque nihil dubito, quin iure Treuius, Winterus,
Milchhoeferus, alii Lysippum iam ab Ol. 103 statuas fecisse con-
tenderint.[1]) Quae si recte disputavimus, Philandridas inter
Ol. 102 et Ol. 115 vicerit necesse est. Cum vero earum, quae
eo loco collocatae erant, statuarum nullam medio saeculo quarto
posteriorem esse videamus, pancratiastae Acarnanis imaginem a
Lysippo eodem fere tempore inter victores Lacedaemonios in-
sertam esse suspicari licet, quo ille Troili monumentum in
cornu Eleorum posuit. Quare Philandridae victoriam in Ol. 102
aut Ol. 103 incidere conicio, nam Ol. 104 Sostratus Sicyonius
pancration vicit.

Ad Philandridae statuam Lysippeam Furtwaenglerus (Bronzen
von Olympia p. 10 s.) caput illud aeneum (Olymp. Bronz. tab. II),
quod Olympiae a Prytanei latere septentrionali effossum est,
referre vult, praesertim cum et Troili tabula aenea (Olymp.
Inschr. 166) et basis Cyniscae (160) in eadem fere regione
reperta sint. Atque caput illud mira pulchritudine insigne pancratiastae alicuius esse nemo est qui non videat. Attamen dubito, quin Lysippus quamvis veritatis studiosus usquam faciei
vitia adeo non dissimulaverit; immo rectius mihi ii iudicasse
videntur, qui praeclarae hoc artis opus ad saeculum tertium
retulerint.[2]) Multo probabilius mihi caput illud marmoreum,
quod nunc vulgo Herculis esse putatur, Philandridae tribui posse
videtur (Olympia Bildw. tab. LIV 3. 4 p. 208). Primum id Praxi-
telis, tum miro consensu Scopae esse opus viri docti edixerunt.
Sed postquam E. Preunerus statuam illam Delphicam hodie
omnibus notam (Bull. corr. hell. XXIII 1899 tab. 11) Lysippi
Hagiam esse praeclarissime demonstravit,[3]) meo quidem iudicio
dubium esse non potest, quin caput illud Olympicum a Lysippo
factum sit. Tanta ei cum capite Hagiae intercedit fere mira

---

1) Treu, Bildwerke v. Olympia 211; Winter, Arch. Jahrb. VII 169;
Milchhoefer, Archäol. Stud. f. H. Brunn 66 A. 2.

2) Friederichs Wolters 323, Overbeck, Plastik I⁴ 168, Flasch, Olympia
apud Baumeisterum 1104, alii, cf. sub 150) Capro.

3) l. l. 46 s. Cf. Homolle Bull. d. corr. hell. XX 598; Mahler,
Polyklet u. seine Schüler tab. 50 p. 149.

similitudo,[1]) quae ne tum quidem satis explicatur, si Lysippum Scopae discipulum fuisse statuas. Immo puto etiam alia opera permulta, quae hodie Scopae adsignantur, Lysippo tribuenda vel potius reddenda esse, velut Meleagrum, Herculem qui in domo Lansdowne adservatur, anaglyphum sepulcrale in Iliso repertum, alia. Sed haec altioris indagationis sunt. Ad Lysippi caput illud Olympicum redeo, quod recte pro Hercule[2]) haberi nego. Herculis Lansdowniani caput conferri iubeo, ut cognoscatur quid intersit inter heroem et hominem. At si homo est, est pancratiastes, ut aurium forma docet; si pancratiastes, Philandridas, nam nullius alius pancratiastae Olympici statuam Lysippus fecit. Non vereor ne quis Schereri[3]) veterem errorem secutus obiciat, aere, non marmore Olympionicarum statuas fuisse. Quod si quis fecerit, Treuii egregiam dissertationem relegat (l. l. p. 216 s.), puerorum statuas marmoreas Olympiae repertas contempletur (Bildw. tab. LVI), Pausaniae descriptionem Pellenes evolvat, ubi de Promachi Olympionicae statua scriptum inveniet (VII 27, 5) λίϑου ταύτην καὶ οὐ χαλκοῦ. Ac quod Treuius pauperiores tantum hac materia usos esse dicit, optime id quadrat in pancratiastem Acarnanem, hominum semibarbarum. Marmorea autem signa etiam e Lysippi officina prodiisse ipsum illud Hagiae familiae anathema Delphicum testimonio est. Denique vel locus, quo caput illud marmoreum inventum est, coniecturae nostrae egregie favet: est enim inter gymnasium et prytaneum, non longe distans ab eo, quo Troili tabula effossa est; v. Olympia, Karten-Mappe Bd. V a.

14a) Thrasybulus vates pater est Agathini (v. infra 121a); ipse Pyrrhi regis statuam dedicavit (v. 128a). Bellum, cuius mentionem facit Pausanias, fere annis 250 — 245 gestum esse demonstravit Beloch (Herm. XXXV 264/5); itaque statua medio fere saeculo tertio posita esse videtur.

---

1) Id quod iam Treuius l. l. p. 209 n. 1 adnimadvertisse videtur, vide etiam Homollium Bull. corr. hell. XXIII 1899 p. 456.

2) Reisch, Griechische Weihgeschenke p. 43 n. 1 eumque secutus Treuius l. l.

3) De Olympionicarum statuis p. 16 sqq.

16) Antipatrum Milesium munera, quibus Dionysii Syracusarum tyranni legati eum movere vellent, ut Syracusanum se renuntiari sineret, repulisse Pausanias auctor est; cui narrationi Robertum[1]) non recte fidem abrogavisse existimo. Ol. 98 hoc evenisse ex Diodori verbis (XIV 109) recte mihi concludere videntur Corsinius, Brunnius, Loewyus.[2]) Hanc autem Olympiadem definiisse eo maioris momenti est, quod Antipater in epigrammate gloriatur neminem Ionem ante se ipsum Olympiae imaginem dedicavisse. Inde efficitur omnes victores Ionas, qui quidem Olympiae statuas habuerunt, Antipatro posteriores esse et post Ol. 98 vicisse.

17) Timon pater, quamquam quadriga vicit, in solo stans, Aegyptus filius in equo, quo vicerat, sedens conspiciebatur, cf. infra Xenombrotum et Xenodicum (134). Haec signa ab ipso Timone dedicata fuisse videntur. De eiusdem victoriae Timonis monumento publico v. infra 105 d. Timon pentathlus (152) ab hoc Timone diversus est. Timonem et Aegyptum (18) filium eius inter Ol. 96 et 103 vicisse propter Daedalum statuarium consentaneum est, cf. 25. 28; cum vero Ol. 96 et 97 Cynisca, Ol. 102 et 103 Troilus vicerint, relinquuntur Ol. 98—103.

19) Pugilis Samii nomen in epigrammate non commemorari Pausanias dicit. At cum deesse nullo modo potuerit, aut in ipsa statua (cf. Ol. Inschr. 234. 235) aut, quod magis adridet, in tabula aenea superficiei bascos infixa (cf. Ol. Inschr. 142. 166. 174) incisum fuerit necesse est[3]) ideoque Pausaniam fugisse videtur. Conferas quae infra de Philippi tabula (79) disputaturi sumus. Samium illum anonymum post Antipatrum Milesium (16), id est post Ol. 98 vicisse consentaneum est, vide supra. Accuratius autem ut tempus definiamus, periphrasi tituli, quam apud Pausaniam legimus, usui esse videtur; τὸν ἀναθέντα μὲν ὅτι ὁ παιδοτρίβης εἴη Μύκων καὶ ὅτι Σάμιοι τὰ ἐς ἀθλητὰς καὶ ἐπὶ ναυμαχίαις εἰσὶν Ἰώνων ἄριστοι. Nonne videmus epigramma fuisse veteris simplicitatis, ita ut

---

1) Arch. März. 107, O. S. 187.
2) Cf. etiam Ed. Meyer, Gesch. d. Altert. V p. 268 s.
3) Vid. Dittenberger et Purgold, Inschriften v. Olympia p. 235.

cavendum sit, ne ultra Alexandri Magni tempora descendamus? Atque cum pugnis navalibus excellere Samios epigramma dixerit, inde concludemus et paullo antea bellum quoddam maritimum gestum esse et Samiorum civitatem eo tempore libertate fructam esse. Itaque statua ante annum 365[1]) sive Ol. 104, quo tempore Athenienses insula potiti sunt, posita esse putanda est. Quaerentes autem cuiusnam belli maritimi Samii per illos annos participes fuerint, nullum fere inveniemus nisi Teleutiae contra classem Atheniensem ad Euagoram proficiscentem expeditionem, quam inter anni 390 (Ol. 97, 2) res gestas narrat Xenophon Hell. IV 8, 23.[2]) Ab hoc igitur anno Samii illius pugilis victoria Olympica non nimium abesse potest, quare eum aut simul cum Antipatro Ol. 98 aut Ol. 99 coronam tulisse non sine probabilitate statuere nobis videmur.

21) Chaeream Sicyonium, qui pueros pugilatu superavit, post Bycelum (116) id fecisse censeamus oportet, cum hic se primum omnium Sicyoniorum eo certamine vicisse glorietur. Byceli autem statua Canachi opus fuit, quem Polycleti maioris discipulum ultra a. 360 vixisse minime verisimile est. Epigramma, quod Pausanias his verbis reddit: ὡς νικήσειεν ἡλικίαν νέος καὶ ὡς πατρὸς εἴη Χαιρήμονος, antiquam simplicitatem redolet. Itaque ut quinque qui praecedunt Olympionicas, ita Chaeream quoque inter Ol. 95 et Ol. 107 vicisse suspicor, qua re etiam Asterionis, artificis ceteroquin ignoti, aetas accuratius definitur.

22) Sophium Messenium non ante Ol. 105 vicisse recte statuerunt Dittenbergerus et Purgoldius Ol. Inschr. p. 299. Tituli, qui in Cladeo repertus est, scriptura iisdem iudicibus saeculo quarto exeunte antiquior videtur, ita ut Sophium inter Ol. 105 et Ol. 120 vicisse probabile sit.

23) Stomii Elei pentathli nomen sub papyri ... νομος latere, Pausaniam de Stomio somnia narrare Robertus perperam arbitratus est. Ille enim, cuius nomen in ... νομος exit, pentathlus Ol. 81 vicit. At in hac Alteos parte praeter Spartanos

---

1) Vid. Ed. Meyer, Gesch. d. Altert. V p. 457.
2) Ed. Meyer l. l. p. 257.

nullum adhuc victorem invenimus, qui saeculo quarto antiquior esset. Immo septem illi, qui praecedunt, omnes saeculi quarti sunt. Ea autem aetate Stomium fuisse et Ol. 102 multa cum gloria contra Sicyonios pugnavisse Pausaniae narratio docet, cui quo iure fidem abrogemus non video. Immo plane adsentior Foerstero, qui Stomium aut Ol. 102 aut antea, id est Ol. 99—101, vicisse statuit. Neque tamen Dittenbergero Purgoldioque[1]) adstipulari possum, qui statuam post bellum illud demum a civitate positam esse putant. Immo ex Pausaniae verbis τὸ δὲ ἐπίγραμμα τὸ ἐπ' αὐτῷ καὶ τάδε ἐπιλέγει recte concludere mihi videor ultimos tituli versus, quibus Stomii res gestae celebrabantur, postea additos fuisse idque aut ex litterarum diversitate aut ex sententiarum nexu cognosci potuisse.

24) Labax pugil ἐκ Λεπρέου τοῦ Ἡλείων fuisse dicitur; antea Pausanias V 5, 3 narraverat omnes victores Lepreatas a praecone tamquam Ἠλείους ἐκ Λεπρέου proclamari. Praeter Labacem quinque Lepreatae Olympia vicerunt: Alcaenetus (64) cum filiis Hellanico (65) et Theanto (66) saeculo quinto, Antiochus (30) saeculo quarto ineunte; ii a Pausania aut Λεπρεᾶται aut ἐκ Λεπρέου vocantur. Eo magis mirandum est quintum, de cuius aetate non constat, Xenonem (142), ἐκ Λεπρέου τοῦ ἐν τῇ Τριφυλίᾳ fuisse dici. Quare fuerunt, qui Pausaniam hac in re inconstantiae accusarent. Sed animadvertendum est Xenonis statuam a Messenio artifice Pyrilampe factam, itaque post Ol. 102 positam esse. Sane de Pyrilampis, qui praeterea Pyrilampis Ephesii (35) et Asamonis (156) Elei statuas fecit, aetate non constat. Multi enim viri docti eum eundem esse putant ac Pyrilampum Agiae filium sculptorem Messenium, cuius nomen in titulo Olympico medii fere primi a. Chr. saeculi legitur (Inschr. v. Olymp. 400). At quamquam Dittenbergero et Purgoldio libenter concedimus nominum Πυριλάμπης et Πυρίλαμπος differentiam nullius momenti esse, tamen necessario de eadem persona cogitandum esse negamus; Pyrilampes Pausaniae potest non solum ut ipsi concedunt aliud eiusdem familiae membrum, potest etiam totius generis atavus esse. Fac Pausaniam verba

---

1) Inschr. v. Olympia p. 242.

ἐκ *Λεπρέου* τοῦ ἐν τῇ *Τριφυλίᾳ* in basi statuae Xenonis legisse, quo profecto nihil est probabilius; iam cui tempori aptius Xenonis statuam attribuerimus quam Ol. 105, cum Elei et Arcades pacem composuissent, Lepreum autem Arcadici foederis membrum restaret[1]) octavo post Messeniam restitutam anno. Tunc profecto Eleos necessitate coactos aequo animo concessisse consentaneum est, quod primo a. Chr. saeculo vix tulissent. Itaque Pyrilampen quarto saeculo medio floruisse, exulem artem plasticam didicisse, artem edoctum in patriam rediisse conicimus atque eos fere partes egisse, quas olim Damophonti viri docti perperam tribuerunt. Quae si recte disputavimus, sequitur, ut Labax, quippe qui ἐκ *Λεπρέου* τοῦ Ἠλείων se esse praedicet, ante Ol. 103 vicerit; eo enim tempore Lepreatae ad foedus Arcadicum se applicuerunt.[2]) Nam ne ad inferiorem aetatem descendamus, eo prohibemur, quod omnes, quae Labacem circumdant statuae, saeculi quarti sunt.

25) Aristodemum Ol. 98 vicisse Africanus testatur. Titulum statuae, Simonidi perperam adscriptum, servavit Hephaestion p. 61 Westph.[3]):

Ἴσθμια δίς, Νεμέᾳ δίς, Ὀλυμπίᾳ ἐστεφανώθην,
οὐ πλάτεϊ νικῶν σώματος, ἀλλὰ τέχνᾳ,
Ἀριστόδαμος Θράσιδος Ἀλεῖος πάλᾳ.

In primo versu *Πύθια* pro *Ἴσθμια* scribendum esse dudum statuerunt viri docti collatis Pausaniae verbis a Schubarto et Walzio egregie restitutis: γεγόνασι δὲ αὐτῷ καὶ Πυθοῖ δύο νίκαι καὶ Νεμέᾳ (δύο καὶ νίκημα M Va Pc Ag Lb, δύο νῖκαι Vb La). Ceterum apud Pausaniam pro Δαιδάλου τοῦ Σικυωνίου μαθητοῦ καὶ πατρὸς Πατροκλέους scribendum esse videtur Δ. τ. Σ. μαθητοῦ τοῦ πατρὸς Πατροκλέους, cf. Robert Hermes XXXV p. 192.

30) Antiochus Lepreates pancratiastes anno 367 (Ol. 103, 2) in Persiam legatus missus est, cf. Xen. Hell. VII 1, 33: Ἀντί-

---

1) Xenoph. Hell. VII 4, 35, cf. Niese Herm. XXXIV p. 525.
2) Niese l. l. p. 522.
3) Cf. Preger no. 129.

οχος δ παγκρατιαστής. Cum in titulo Λεπρεάτης vocetur, ante
Ol. 103 vicisse putandus est, v. s. 24). Nicodamus, qui ei statuam
fecit, idem officium et Androstheni (51), qui Ol. 91 aut Ol. 92
alteram suam victoriam adeptus esse videtur, et Damoxenidae
(54) praestiterat. Damoxenidae basis reperta est (Ol. Inschr. 158);
litterae videntur quarti saeculi ineuntis esse. Itaque inter
Ol. 95 et 102 Antiochi victoria ponenda est; Rutgersius eam
ad Ol. 95 dubitanter retulit.

33) Cum Diconis tres statuas Pausanias viderit, tribus
Olympiadibus, non duabus ut Foerstero placuit, eum vicisse apparet. Primum pueros, secundum et tertium viros cursu superavit. Stadium eum Ol. 99 vicisse Africanus tradit; semel igitur
aut δίαυλον aut δόλιχον aut ὁπλίτην vicit, quod utrum ante an
post Ol. 99 factum sit, dubitari potest. Ceterum Pausanias eum
puerum Cauloniatam, virum ἐπὶ χρήμασι Syracusanum pronun-
tiatum esse prodit, quod aut omnino aut ex parte falsum est. Nam
Ol. 99 Dicon re vera Syracusanus erat, cum Ol. 97, 2 Caulo-
niatae Syracusas translati sint (Diod. XIV 106). Si Pausaniae
verbis veri quid inest, Dicon Ol. 97 aut prius secundam, Ol. 99
tertiam victoriam adeptus est; si plane errasse Pausaniam puta-
mus, etiam post Ol. 99 tertium vicisse potest. Quod deinde
Pausanias narrat Diconem quater Nemea, quinquies Pythia, ter
Isthmia vicisse, idem testatur epigramma anonymum Antho-
logiae Palatinae XIII 15 procul dubio quondam statuae alicui
Diconis subscriptum:

εἰμὶ Δίκων υἱὸς Καλλιμβρότου, αὐτὰρ ἐνίκων
τετράκις ἐν Νεμέᾳ, δὶς Ὀλύμπια, πεντάκι Πυθοῖ,
τρὶς δ' Ἰσθμοῖ· στεφανῶ δ' ἄστυ Συρακοσίων.

Quod hic bis tantum Olympia vicisse Dicon dicitur, ita explicare
possis, ut statuam illam ante tertiam victoriam positam esse
conicias. Sed cum ceteroquin consentiat cum Pausania omnino,
multo probabilius est periegetam ipsum hoc epigramma ante
oculos habuisse et pro δὶς Ὀλύμπια cum Wesselingio scribendum esse τρὶς Ὀλύμπια. Tenemus igitur epigramma, quod
basi tertiae statuae incisum erat; in quo cum Dicon quinquies
se Pythia vicisse glorietur, primam Pythicam victoriam duode-
viginti annis ante ultimam Olympicam adeptus est. Tum sine

dubio puer erat; primam victoriam Olympicam secundo anno postea secutam esse consentaneum est. Quare si Olympiade 99 tertium vicit, prima eius Olympica victoria ad Ol. 95, si iterum, ad Ol. 96 referenda est.

34. 35) De Xenophonte et Pyrilampe haec scribit Pausanias: Ἐπὶ δὲ τῷ Δίκωνι ἀνάκειται μὲν Ξενοφῶν Μενεφύλου, παγκρατιαστὴς ἀνὴρ ἐξ Αἰγίου τῆς Ἀχαιῶν, ἀνάκειται δὲ Πυριλάμπης Ἐφέσιος λαβὼν δολίχου νίκην. Τοῦ μὲν δὴ τὴν εἰκόνα ἐποίησεν Ὄλυμπος, Πυριλάμπει δὲ ὁμώνυμος καὶ ὁ πλάστης, γένος δὲ οὐ Σικυώνιος, ἀλλὰ ἐκ Μεσσήνης τῆς ὑπὸ τῇ Ἰθώμῃ. Hitzigius in Fleckeisenii Annalibus 1888, p. 57 aut Πυριλάμπης Σικυώνιος aut γένος δὲ οὐκ Ἐφέσιος scribendum esse arbitratur eique Gurlittius (l. l. p. 367 n. 26) adstipulatus est. At Pyrilampem Ephesium fuisse certissimum est; nam post Lysandri statuam (35a) alter Ephesius sequitur, Athenaeus (36), neque id casu factum esse videtur. Nam ut ceteri Iones ita Ephesii Lysandrum ut vindicem liberatoremque suum coluerunt, ut ipse Pausanias paullo post testatur VI 3, 14: Ἐφέσιοι δὲ ἐς τὸ ἱερὸν ἀνετίθεσαν τῆς Ἀρτέμιδος Λύσανδρον. Itaque duo illi victores Ephesii curaverunt, ut statuae suae ab utraque parte· Lysandri tamquam patroni ponerentur. Accedit quod utraque Hitzigii coniectura a lectione tradita tam longe recedat, ut omni probabilitatis specie careat. Multo rectius Brunnius (Künstl.-Gesch. I 292) statuit, Pyrilampem Sicyonium fuisse ideo a Pausania negari, quod alter artifex Olympus Sicyonius fuerit. Sed id sane scriptori diserte indicandum erat. Quam ob rem post Ὄλυμπος inseri iubeo Σικυώνιος. Pyrilampem artificem saeculo quarto floruisse, Ol. 103 in pristinam patriam rediisse supra (sub Labace 24) demonstravimus. Ol. 104 ludi a Pisaeis editi sunt. Itaque ante Ol. 105 Pyrilampes vicisse non potest, neque vero multo post; nam Lysandri memoriam etiam vigere oportebat. Athenaeum vero Ephesium (36) quin iam ante Ol. 103 vicisse putemus nihil obstat, immo tituli reperti (Inschr. v. Ol. 168) scriptura huic aetati egregie convenire videtur; neque tamen ultra Ol. 98 regredi licet, utpote qua Antipater primus omnium Ionum coronam Olympicam tulerit. Xenophont  a autem et, qui eius statuam fecit, Olympum ad eandem fere

aetatem referre quis dubitabit, cum omnes in hac Alteos parte statuas inter Ol. 95 et 105 positas esse videat?

35a) Unam tantum Lysandri statuam in Alti fuisse certissimis argumentis Purgoldius (Aufs. f. E. Curtius p. 238) contra Gurlittium (l. l. 412) et Kalkmannium (l. l. 105 n. 4) evicit. Nam si duae fuissent, nullo modo Pindari scholiastes (Ol. VII hypoth.) una ex iis ad aliarum statuarum locum definiendum usus esset, nisi nota aliqua addita. At cum ille Lysandrum prope Diagoram eiusque familiam, Pausanias inter Pyrilampem et Xenophontem stare tradat, periegetam inde a cap. 3, 14, ubi de Lysandro agit, usque ad cap. 7, 1, ubi de Diagora verba facit, circulum describere manifestum est.

39) Satyrus Amphiaraïa vicit inter a. 377 et 366, IGS I 414; itaque victoriam eius Olympicam in idem fere tempus, i. e. Ol. 102 et 103, incidere consentaneum est. Plinius cum in tabula chronologica XXXIV 51 Silanionem, qui Satyri statuam fecit, Ol. 103 floruisse tradit, ad senis artificis opus aliquod posterius respicere videtur. Ceterum inde a verbis Σάτυρος δὲ ᾽Ηλεῖος novum caput statuere debebant editores. Nam quae antecedunt verba de Phidiae puero, non Olympionica mehercle, sed signo Iovis Olympici sellae applicato, cum praecedentibus (4, 3. 4) artissime cohaerent, ut iam dudum a Roberto (Herm. XXIII 444 ss.) demonstratum est.

40) Amyntam Hellanici filium, qui pueros pancratio superavit, non Ephesium, ut librariorum culpa in codicibus legimus, sed Eresium fuisse praeclare ostendit Wilamowitzius (Herm. XI 274). Pancration puerorum Ol. 145 institutum est, qua vicit Phaedimus ex Troade Alexandrinus (Afric., Paus. V 8, 11; Ναυκρατίτης perperam Philostratus de gymn. 268 K.); et cum Diallum Smyrnaeum (113) omnium Ionum primum hoc certamine vicisse narret Pausanias VI 13, 6, suo iure Rutgersius Amyntam, quem pro Ephesio habebat, ante Ol. 147 vicisse posse negavit. At cum ex Ephesio factus sit Eresius, nihil obstat, quin ad Ol. 146 victoriam referamus. Ceterum accuratius de hac quaestione infra agemus, ubi de aetate Polyclis, qui Amyntae statuam fecit, disputabimus (vide ad 109 Agesarchum).

41) Chilonis statuam post mortem eius aut a filiis aut a civibus positam esse ex ultimis epigrammatis verbis cognoscimus hisce:

$$\mathring{o}ν \; λαὸς \; \mathring{A}χαιῶν$$
$$\mathring{ε}ν \; πολέμῳ \; φθίμενον \; θάψ' \; ἀρετῆς \; \mathring{ε}νεκεν.$$

Similiter quae sequuntur statuae Molpionis (41a) et Aristotelis (41b) a cultoribus eorum et propter merita minime gymnica positae sunt.

42) Vix casu factum est, quod Sodamam Assium in tanta popularis Amyntae ex Troade Alexandrini (40) vicinitate stantem invenimus. Quid? etiam Acestoridem, alterum ex Troade Alexandrinum, de quo Pausanias tacet, ab utroque non longe afuisse, ut in capite III exponemus, valde probabile est. Acestorides in titulo statuae suae (Ol. Inschr. 184) se omnium Troianorum primum Olympia vicisse gloriatur. Factum id esse saec. II exeunte, sed ante Ol. 145 Dittenbergerus luculenter demonstravit. At cum idem vir summus Troianos in hoc epigrammate nihil aliud esse nos docuerit nisi ex Troade Alexandrinos, Sodamas etiam ante Acestoridem vicisse potest, praesertim cum primum se Aeolum pueros currendo superasse glorietur.

55) Lastratidae patrem Paraballonta[1]) victorum Olympicorum nomina in gymnasio incidenda curavisse Pausanias narrat. Quod utrum ante Aristotelem fecerit an postea, nullo modo diiudicari potest;[2]) sed cum eae quae Lastratidam circumdant statuae omnes aut quinti sint saeculi aut quarti ineuntis, eodem fere tempore ipsum quoque vicisse verisimile est.

56 — 68) Duodecim pugilum statuis unius cursoris (57) imago interiecta est. Medium locum Diagorae Rhodii (59 — 63) et Alcaeneti Lepreatae (64 — 66) occupant familiae, quinti utraque saeculi. Ab una parte Euthymus, Pytharchus cursor, Charmides (56 — 58) stant, qui Ol. 74. 76. 77. 79 vicerunt, ab altera Gnatho et Lycinus (67. 68). Gnathonis statuam cum Callicles fecerit, victoriam eius Robertus ad Ol. 85 satis probabiliter retulit

---

1) Traditam nominis formam defendit Bechtel Griech. Personenn. p. 77 Ὑπερβάλλων nomen conferens.

2) Cf. Diels Herm. XXXVI 79, Dittenberger et Purgold Inschr. v. Olympia p. 423.

(O. S. 194). Restat Lycinus Eleus (68), quem unum posterioris aetatis esse nullo modo credi potest. Eum igitur, cum proximae a Gnathonis victoriae Olympiades ab aliis occupatae sint, ad Ol. 86 referre non dubitamus.

69) Dromeum Stymphalium, cuius statuam Pythagoras Rheginus fecit, aut Ol. 74. 75 aut Ol. 80. 81 vicisse Robertus ostendit, ipse priores praeferens (O. S. 166. 177). Ego posteriores amplecti malim, cum quae praecedunt statuae Ol. 85. 86, quae sequuntur Ol. 82. 80 positae sint.

71) Puer Pellenaeus, quem Ol. 80 vicisse rectissime Rutgersius statuit, apud Pausaniam VI 8, 1 Socrates, apud eundem VII 17, 14 Sostratus nominatur; quam nominis formam Rutgersius, Foersterus, Robertus receperunt, iniuria ut mox videbimus. Sostratus enim Herculis amasius audit, cuius in eodem capite Pausanias mentionem fecerat (17, 8), antea de Oebota locutus. Iam 17, 14 simul de eodem Oebota et de puero Pellenaeo agit. Num igitur miraberis, librarium aliquem prioris loci memorem Socratem in Sostratum mutavisse? Verior igitur nominis forma Σωκράτης est, nec tamen vera. Olympiae enim ante Iovis templum ad orientem statuae alicuius basis eruta est, in qua haec leguntur (Inschr. v. Ol. 157):

$$NEOEKEMEΠAIΣOΠIΘONOΣ$$
$$KPATEΣ : ΣTAΔION.$$

Scriptura est medii fere quinti saeculi. Cursorem repraesentatum fuisse Kirchhoffius inde concludit, quod pedem dextrum digitis tantum solum tetigisse ex vestigio in basis superficie conservato apparet, puerum, et quod parvi basis est ambitus, et quod inter eos, qui illa aetate stadio viros vicerunt, nemo est, cuius nomen in κράτης exeat. Quocirca ita fere pentametrum restituendum esse censuit:

$$παῖδας νικήσας \_ \cup] κράτης στάδιον.$$

At si Roberti tabulam inspexeris, invenies per illos annos, quibus puer iste vicisse iudicandus est, i. e. ab Ol. 75 usque ad Ol. 83 pugilum imberbium seriem plenam esse, unum tamen esse ex iis, cuius nomen in κράτης exeat, Socratem Pellenaeum. Cuius ut tradita nominis forma metro repugnat, ita plenior Σωσικράτης egregie respondet. Accedit quod pueri Pellenaei statuam in ea fere Alteos parte positam fuisse intellegimus, ubi basis illa inventa est (cf. cap. III). Nec vero dialectus inscriptionis aut litteratura suspicioni nostrae obstat. Quae cum ita sint, sic fere epigramma illud restituendum esse conicio:

[Πελλανεὺς γενεὰν ἀ]νέϑηκέ με παῖς ὁ Πίϑωνος
[παῖδας νικάσας Σωσι]κράτης στάδιον.

Num Pausanias ipse an librarius communiorem formam Σωκράτης pro pleniore Σωσικράτης substituerit, in medio relinquo. Id tantum moneo, etiam facilius in libro VII Sosicratem in Sostratum mutari potuisse, quam Socratem.

72) Amertae statua Phradmonis opus erat, quem Phidiae, Polycleti, Cresilae aequalem fuisse Plinius 34, 49 testis est. In luctatorum imberbium catalogo Olympiades 84. 85. 87—90 vacuae sunt. Itaque in unam ex his Olympiadibus victoriam Amertae incidisse consentaneum est.

73) Euanoridas idem est, quem Polybius V 94, 6, ubi de rebus anno 218 gestis agit, inter primores Eleorum commemorat. Id iam C. Müllerus (FHG. IV 407) suspicatus erat, nunc evicit Dittenbergerus (Inschr. v. Olympia 299), qui etiam nomen eius in basis Olympiae erutae fragmentis sagacissime indagavit. Litterarum formae, ut par est, tertii saeculi sunt. Puer cum Euanoridas vicerit, id fere Ol. 134—136 evenisse consentaneum est; statuam autem suam iuxta quinti saeculi puerum, qui eodem certamine vicerat, Amertam ponendam curavit.

74) Damarchi fabulosa historia, unde eum Varrone aut Apolla, quippe qui idem de eo narrassent, antiquiorem esse concluserunt, ad aetatem eius definiendam non abutemur. Satis habemus epigramma a Pausania descriptum apponere:

Υἱὸς Δινύττα Δάμαρχος τάνδ᾽ ἀνέϑηκεν
εἰκόν᾽ ἀπ᾽ Ἀρκαδίας Παρράσιος γενεάν.

Nonne tantae simplicitatis est, ut Alexandri aetate nullo modo posterior esse possit? Adde quod, quae praecedunt statuae, Euanorida excepto omnes saeculi quinti, quae succedunt, aut eiusdem aetatis aut saeculi quarti ineuntis sunt. Pugilatorum autem numerus cum inde ab Ol. 75 usque ad Ol. 83 plenus sit, Damarchum post Ol. 83 vicisse verisimile duco, neque tamen refragabor, si quis eum iam ante Ol. 75 coronam adeptum esse contenderit.

77) Baucidis statua Naucydis opus erat, quem inde ab Ol. 83 usque ad Ol. 95 viguisse constat. Cum igitur Ol. 83 et 84 alii luctatores vicerint, Baucidem post Ol. 84, ante Ol. 96 vicisse elucet.

79) Philippum Azanem cum Myron aere expresserit, eum saeculo quinto vicisse, omnes olim crediderunt. Sed rem plane aliter sese habere docuit tabulae aeneae epigramma Olympiae erutae, quae basi quondam statuae Pausania commemoratae sine dubio infixa fuit (Inschr. v. Olymp. 174). Litterarum formae saeculi terti ineuntis sunt, sermo sententiaeque hellenisticam quam vocant aetatem arguunt. Accedit quod Philippus a Pausania Ἀζὰν ἐκ Πελλάνας vocatur, id quod ante Philippi regis arbitrium, quod in lapide incisum et ipsum Olympiae erutum est (Inschr. v. Olymp. 47), nullo modo fieri potuit. Nam quamquam haec verba in tabula illa aenea non magis leguntur quam nomen Myronis, tamen dubium esse non potest, quin Pausanias utrumque non de suo addiderit, sed ex alia inscriptione in ipsa basi incisa compertum habuerit. Haec omnia cum sagacissime perspexisset et luculentissime exposuisset Dittenbergerus, summo iure tabulam veteris inscriptionis exemplum novicium esse, id quod nonnullis placuit, negavit. Itaque nihil aliud relinqui opinatus est, nisi ut statuamus, Myronem illum non celeberrimum illum saeculi quinti plasten, sed homonymum inferioris artificem aetatis esse. Hanc suspicionem admitti posse nequaquam negamus, dummodo nobis concedatur Pausaniam ipsum de clarissimo illo Myrone cogitare; statuendum igitur esset, periegetam hic quoque ut saepius errasse, cui coniecturae profecto nihil est quod obstet. Sed aliud est quod scrupulum moveat. Nempe dum initium epigrammatis legimus:

Ὧδε στὰς ὁ Πελασγὸς ἐπ᾽ Ἀλφειῷ ποκα πύκτας
τὸν Πολυδεύκειον χερσὶν ἔφανε νόμον,

surgit nobis ante mentem imago statuae vere Myronianae. Accedit quod ne interpretatio quidem epigrammatis ad finem perducta nobis videtur; nam quod Dittenbergerus ποκα ita interpretatur, ut poëtam de futuris statuae spectatoribus cogitare contendat, paullo artificiosius hoc dictum esse nemo negabit. Nos igitur Pausaniae paulisper obliti quid ipsum epigramma nos doceat, accurate perpendamus:

῾Ωδε στὰς ὁ Πελασγὸς ἐπ᾽ Ἀλφειῶι ποκα πύκτας
τὸμ Πολυδεύκειογ χερσὶν ἔφανε νόμον,
ἆμος ἐκαρύχϑη νικαφόρος, ἀλλά, πάτερ Ζεῦ,
καὶ πάλιν Ἀρκαδίᾳ καλὸν ἄμειβε κλέος,
τίμασον δὲ Φίλιππον, ὃς ἐνϑάδε τοὺς ἀπὸ νάσων
τέσσαρας εὐϑείᾳ παῖδας ἔκλινε μάχᾳ.

Ergo Philippus pueros pugilatu vicit; poeta autem a Iove pre-
catur, ut rursus Arcadiae gloriam, Philippo autem honorem
tribuat. Haec igitur gloria, hic honor recenti Philippi victoria
contineri non videntur, nam quis petat a deo, quod ei iam obtige-
rit? Immo luce clarius est a Iove orari, ut Philippus posthac
ita viros superaturus sit, ut nunc pueros. At vetus illa gloria,
ad quam verba καὶ πάλιν spectant, estne Philippi recens haec
victoria? Hoc quis sibi persuaserit? Immo apparet illis καὶ
πάλιν respondere verba ποκα — ἆμος ἐκαρύχϑη νικαφόρος,
eaque de victoria ante multos annos parta dici. Quid multa?
Nisi Pausaniae verba aciem mentis nostrae praestrinxissent,
dudum intellectum esset, Pelasgum illum, de quo epigramma
loquitur, pugilem a Philippo esse discernendum. Statua, re vera
Myronis clarissimi illius artificis opus, veterem aliquem reprae-
sentabat Arcadem, qui pugilatu viros superavit; et profecto vir
adultus multo melius cum Polluce comparatur quam puer.
Titulus autem Philippi non tam dedicatio quam precatio. Postquam enim pueros pugilatu superavit, veterem popularem suum
tamquam heroem veneratus tabulam ad statuae eius pedes deponit
a Iove petens, ut pristina Arcadiae gloria in se reviviscat utque
illum virtute aequet. Pausanias autem perperam Philippi nomen
ad statuam retulit. Ita omnia plana essent, nisi supra statuissemus
Pausaniam Philippi nomen iterum in altero titulo eoque in ipsa basi
inciso legisse. Sed id quoque perfacile explicari potest, dummodo
Philippum non tantum tabulam illam aeneam dedicavisse sumamus,
sed etiam statuam Myronis iniuria temporis laborantem restauran-
dam curasse. Itaque Pausaniam in basi statuae legisse crediderim:

Μύρων Ἀθηναῖος ἐποίησεν

Φίλιππος Ἀζὰν ἐκ Πελλάνας ἐπεσκεύασεν.

Qui factum sit, ut nomen eum veteris illius victoris fugeret,
duplici modo explicari potest. Aut enim in ipsa statua incisum

erat, aut in basi, sed litteris evanidis et obscuris. Utique Philippi tabulae splendor antiquae illi inscriptioni offecit. Restat ut quaeramus quonam tempore ignotus ille Arcas vicerit. Myronem etiam Ol. 84 operatum esse Robertus (O. S. 176) demonstravit; sed certe non multo longius, nam Lycius filius eius eo tempore iam adultus erat. Quae igitur in censum veniunt Olympiades, earum cum solae Ol. 80 et Ol. 84 vacuae sint, in alterutram Pelasgi illius anonymi, incidere debet. Denique moneo Pelasgi statuae schema egregie illustrari signo marmoreo Parisiis in Museo, quod Louvre audit, adservato, quod miro quodam casu et ipsum Pollucem, quamvis sine dubio iniuria, vocare solent.[1]) Brizius, qui de statua Parisina accurate egit (Ann. d. Inst. 1874 p. 49—73), corpori eius maximam cum Marsya Myronis esse similitudinem recte contendit, caput autem a capitibus Myronianis ita differre, ut artifici illi vix tribui possit. Furtwaenglerus (Masterpieces 171) statuam Parisinam ad Pythagoram referendam esse censet. Denique non deesse audio qui caput a corpore alienum putent. Mihi quidem caput a capite discoboli non ita distare videtur, ut illud a Myrone iuvene, hoc a sene fictum esse nequeat. Immo Pelasgi Myroniani exemplum statuam Parisinam esse nequaquam incredibile mihi videtur. Sed nihil affirmare ausim, priusquam statuam ipsam Parisiis denuo accurate examinaverim.

85) Xenoclem post Ol. 84 vicisse Robertus (O. S. 187) ostendit. Basis statuae inventa est; litterae figurae saeculi quinti exeuntis sunt vel quarti ineuntis (Inschr. v. Olymp. 164). Baseos quoque forma ea est, quae quarto saeculo sollemnis fuit (v. Purgold II 150). Quare omnes fere viri docti statuam Xenoclis ad Polycletum minorem retulerunt; Robertus quoque, qui olim oblocutus erat, nunc sententiam mutavit. Accedit quod Xenocles iuxta Alcetum (86) positus est, quem Cleon, saeculi quarti artifex, aere expressit.

89) Phillenis statua ab Cratino ficta erat artifice Lacedaemonio. Brunnius (Künstl.-Gesch. I 115) autem observavit post medium saeculum quintum nullum omnino extitisse arti-

---

1) Mon. d. Inst. X 2, Ann. d. Inst. 1874 tav. d'agg. L; Phot. Girandon 1207.

ficem Spartanum. Quod quam vere vir summus dixerit, vel inde apparet, quod inter monumenti pro pugna ad Aegos Flumen commissa Delphis positi auctores nemo est Lacedaemonius. Itaque, cum luctatorum imberbium catalogus, ut iam saepe monuimus, inde ab Ol. 74 usque ad Ol. 83 plenus sit, Philles aut Ol. 84 vel paullo post aut ante Ol. 74 vicerit necesse est. Si vero recte Facius *Φίλυν* pro *Φίλλην* restituit eumque Philyn iure pro Anauchidae (131) patre habuit, qui et pueros et viros luctando superavit, priorem terminum si praeferas, Philyis victoria vel sexto saeculo tribuenda sit. Et certe eius statua inter anathemata antiquissima quinti ineuntis et sexti saeculi posita erat.

91) Glauciam Aeginetam, qui Philonis statuam fecit, et Ol. 73 pro Gelone (90) et Ol. 76 pro Theagene (104) opus obiisse constat. Cum igitur inde ab Ol. 74 usque ad Ol. 83 pugilatorum catalogus plenus sit, altius autem descendere Glauciae aetas nos vetet; ante Ol. 74 victorias reportavisse Philonem manifestum est; itaque Ol. 72 et 73 aut paullo antea vicisse videtur. Ei quod Simonides ei epigramma fecisse dicitur, prorsus nihil tribuendum esse inter peritos constat. Idem Philo iam puer stadium vicerat; statua autem in eius victoriae memoriam dedicata in alia Alteos parte collocata erat (136. Paus. VI 14, 13). Rectissime enim Pregerus statuit Philonem Corcyraeum cursorem eundem esse ac Philonem Corcyraeum pugilem, praesertim cum praeter Parmeniscum, qui Ol. 171 et 173 vicit, omnes Olympionicae Corcyraei saeculi sint quinti. Itaque haec Philonis pueri victoria ad Ol. 69 vel Ol. 70 referenda est.

92) Agametorem, cum a victoribus saeculi sexti vel quinti ineuntis cingatur, et ipsum eo fere tempore vicisse probabile est.

93) Glaucus Ol. 65 vicit, sed statua eius, Glauciae Aeginetae et ipsa opus, a filio eius ineunte saeculo quinto dedicata est. Animadverte tria Glauciae opera propinqua vicinitate coniuncta esse.

94) Damaretus maior primum eadem qua Glaucus Olympiade, iterum sequenti vicit. Sed statua postea demum simul cum Theopompi filii eius statua, qui Ol. 69. 70 vicisse

videtur,[1]) posita est, ut Pausanias testatur et epigramma in basi olim inscriptum docet:

*Εὐτελίδας καὶ Χρυσόθεμις τάδε ἔργα τέλεσσαν*
*Ἀργεῖοι τέχναν εἰδότες ἐκ προτέρων.*

Ad Damareti hoplitae scilicet statuam R. Foersterus (D. Porträt in der griech. Plastik p. 22 n. 5) et caput illud marmorum galeatum et brachii clipeati fragmentum pertinere suspicatus est quorum hoc ante Pelopii portam, illud in regione a Iovis templo ad occasum solstitialem sita repertum est (Olympia, Atl. III tab. VI 1—6). Cui oblocutus est Treuius (Bildw. v. Olymp. III p. 34 n. 2), capitis speciem, quam cum operibus Atticis comparat, huic suspicioni non favere opinatus. Attamen viam a Foerstero monstratam ingressi capiti illi nomen suum reddere posse nobis videmur, dummodo teneamus, quibus de rebus etiam Treuium adsentientem habemus, et hoplitae illud esse neque saeculo sexto inferius, idemque de altero capite galeato in septentrionali Alteos parte eruto valere (Olympia, Atl. III tab. VI 9. 10). Tres enim tantum in censum veniunt hoplitae praeter Damaretum: Phanas [2]) Pellenaeus ὁ τριαστής, qui Ol. 67, et Phricias [3]) Pelinnaeus, qui Ol. 68 et 69 vicit, quorum sane statuas, si quae fuerunt, Pausanias non commemorat. Iam memineris in prioris hoplitae scuto Phrixum arieti insidentem effictum esse, qua de causa Treuius [4]) olim de Eperasto Clytida (183) cogitavit, qui se a Melampode genus ducere in epigrammate basi inscripto gloriatur; Melampus autem Crethei nepos, Cretheus Athamantis frater, Athamantis filius Phrixus. At, opinor, Melampodi cum Phrixo cognatio satis longinqua, Eperasto paene nulla erat. Multo melius Phrixi imago victori Thessalo convenit, simulque, cum ei Phriciae nomen esset, hoc ea denotari suspiceris. Itaque prioris statuae fragmenta Phriciae Pelinnaeo tribuenda esse censeo. Alterum caput utrum ad Phanam an ad Damaretum referendum sit, ambigi potest. Sed cum antiquioris artis esse videntur

---

1) V. Robert O. S. p. 179.
2) Rutgers p. 27, Foerster 144—146.
3) Rutgers p. 28 s., Foerster 151. 155. Cf. Bergk P. L. Gr. I[4] p. 230, Schrœder ad Pind. Pyth. X 16.
4) Archäolog. Ztg. 1880 p. 48 s.

quam Phriciae caput, Damareti autem statuam Ol. 70 demum positam esse supra viderimus, Phanae id tribuere malim.

99) Cleosthenes primus omnium, qui quadrigis vicerunt, statuam suam in Alti posuit. Id ansam praebet periegetae ad antiquiores duos eiusdem certaminis victores commemorandos, qui non statuas, sed alia donaria dedicaverint, Miltiadem (99a) et Euagoram (99b). Miltiadis donum, cornu eburneum, quod in Sicyoniorum thesauro adservabatur, ne Olympicae quidem victoriae causa dedicatum fuisse videtur (Paus. VI 19, 6); Euagorae currum cave ne iuxta Cleosthenis statuam positum fuisse putes. Euagoras ante Cimonem tribus continuis Olympiadibus, fere 58 — 60, Miltiades circiter Ol. 54 vicit.

103) Agiadae statua Serambi Aeginetae opus erat. Atqui Aeginetarum ars, postquam insula libertatem suam amisit (Ol. 80, 3), statim defloruisse videtur, ut iam Brunnius (Künstl.- Gesch. I 95) recte observavit. Ptolichus, qui Epicradii statuam prope Agiadam fecit (101), ex ultimis artificibus Aeginetis fuisse videtur. Inde et Serambum Ptolichi fere aequalem fuisse et Agiadam eadem fere aetate vicisse atque Epicradium, i. e. ante Ol. 75, verisimile fit, nisi forte quis ad antiquiora etiam tempora ascendere mavult.

105a) Vix est, quod moneam consulto Hieronis secundi filios patris statuas iuxta Hieronis maioris monumenta posuisse. Omnino autem in hac Alteos parte victoribus Olympicis reges et duces immixtos invenimus. Habemus antea Philippum, Alexandrum, Seleucum, Antigonum (103a — d), quorum statuas eodem tempore, Alexandro etiam regnante, positas esse suspicor. Mox sequuntur Areus et Aratus (105b. c), ille ab Eleis, hic a Corinthiis dedicatus; nam errant, qui duas Arei statuas hic a Pausania commemorari putant. Qui cum scripserit: μετὰ δὲ τοῦ Ἱέρωνος τὰς εἰκόνας Ἀρεὺς ὁ Ἀκροτάτου Λακεδαιμονίων βασιλεὺς καὶ Ἄρατος ἕστηκεν ὁ Κλεινίου καὶ αὖθις ἀναβεβηκώς ἐστιν Ἀρεὺς ἵππον, rhetorico suo more satis inficeto αὖθις vocabulo addito ad ea respicit, quae paullo antea de duabus Hieronis statuis dixerat: ἐφ' ἵππου τὸν ἕτερον, τὸν δὲ αὐτῶν πεζόν; nam ex ἕστηκεν verbo, quod de qualicumque statua, etiam equestri, adhiberi potest, nullo modo concludi debet, utramque statuam fuisse pedestrem. Nam si tribus de statuis verba fecisset, nullo modo pergere potuisset: *ἀνάθημα δὲ ὁ μὲν Κορινθίων ὁ ῎Αρατος, ᾿Αρεὺς δὲ ᾿Ηλείων ἐστί.* Titulus igitur in Heraeo effossus (Inschr. v. Olymp. 308) ed eam Arei statuam pertinet, quam Pausanias infra (VI 15, 9, cf. 148a) commemorat, eamque a Ptolemaeo Philodelpho dedicatam esse docet; vides igitur, cur prope Ptolemaeum Soterem (150a), procul dubio ab eodem dedicatum positus sit. Eleos autem Areum post bellum cum Antigono gestum (a. 280) statua honoravisse suspicor, Corinthii Aratum post Macedones pulsos a. 243.

105 d) Monumentis publicis, de quibus modo egimus, etiam Timonis quadriga adnumeranda est, cum statua, quam eiusdem victoriae causa ipse Timon dedicaverat, iam antea commemorata sit (17). Itaque lacuna, qua textus laborat, ita fere explenda esse videtur: *Τίμωνι δὲ τῷ Αἰγύπτου καθέντι ἐς ᾿Ολυμπίαν ἵππους, ἀνδρὶ ᾿Ηλείῳ ⟨ἅρμα ἀνάθημα¹⟩ ᾿Ηλείων⟩ ἐστὶ τούτῳ χαλκοῦν· ἐπ᾿ αὐτὸ δὲ ἀναβέβηκε παρθένος, ἐμοὶ δοκεῖν Νίκη.*

107) Hippomachi patrem Moschionem sub Alexandro Magno stipendia meruisse Pausanias postea narrat, ubi alterius eius filii Theotimi (181) mentionem facit (VI 17, 5). Theotimo Daetondas statuam fecit, quem saeculo quarto exeunte vel tertio ineunte floruisse scriptura tituli Delphis reperti docet (Loewy p. 97; IGS I 2472). Uterque frater pueros pugilando superavit. His omnibus perpensis hac victòrias saeculo quarto exeunte, fere Ol. 116—120, partas esse censeo. In eandem aetatem victoriam Callonis (106), cui Daippus Lysippi filius statuam fecit, incidere consentaneum est.

108) Theochrestus avus (108a) si quinto saeculo quadriga vicit, id aut Ol. 85 aut post Ol. 91 evenisse necesse est; unde apparet Theochrestum nepotem non ante saeculum quartum vincere potuisse, potuisse etiam tertio.

109) Agesarchum Tritaeensem pugilem Olympia, Nemea, Pythia, Isthmia vicisse epigramma statuae subscriptum praedicabat. Chrysippus, quem a. 207 diem supremum obiisse con-

---

1) Cf. VI 15, 2: *Παντάρκη δὲ ᾿Ηλεῖον ᾿Αχαιῶν ἀνάθημα εἶναι κτλ.*

stat, Ἡγήσαρχον τὸν πύκτην ut suae aetatis pugilatorum principem inducit (ap. Eusebiam praep. ev. VI 8, 28 n. 266a). Inde Ed. Zellerus[1]) optimo iure conclusit Pausaniae Agesarchum a Chrysippi Hegesarcho non esse diversum, itaque Agesarchum ante a. 207, id est ante Ol. 143, coronam tulisse. Hoc summi viri praeclare inventum qui ita invertere student, ut duos Agesarchos pugilatu celebres fuisse fingant, contra omnes artis leges peccare mihi videntur. Dicunt enim ea, quae de Polyclis filiorum aetate, quippe qui Agesarchi statuam fabricati sint, tradita sint, vetare, ne Agesarchum ante saeculum tertium vicisse statuamus. Quae tantum abest ut recte dicta esse opiner, ut omnia, quae de Polycle eiusque familia scimus, optime cum stemmate, quod Zellerum secutus Robertus[2]) proposuit, conciliari posse contendam. Est autem id stemma hoc:

Polycles maior

Timocles          Timarchides maior

Polycles minor          Dionysius
|
Timarchides.

Gurlittius, qui nonnullis annis postea prorsus idem stemma constituit (Über Pausanias p. 363, cf. p. 416) tamen, quod mireris, Roberti stemma multis difficultatibus implicitum esse adseverat (p. 364). Nimirum de stemmate ipso ambo viri docti consentiunt, dissentiunt de singulorum artificum aetate. Gurlittius enim Polyclem saeculo secundo[3]), Robertus saeculo tertio fuisse opinatur. Negat autem Gurlittius Dionysium post annum 130 una cum nepote Polycle minore Ofellii statuam facere potuisse, si pater eius Timarchides maior iam ante annum 207 Agesarchis statuam fabricatus esset. Itane? Fac Agesarchum anno 208 (Ol. 143) vixisse, nam eum, cum Chrysippus verba supra memorata scripsisset, iam Olympicam quoque coronam adeptum fuisse minime

---

1) Apud Robertum Herm. XIX 306.
2) l. l. p. 307.
3) Cf. etiam P. Paris, Elatée p. 132 et Muenzer, Ath. Mitt. XX p. 217.

necessarium est, fac paullo post Timarchidem una cum fratre maiore Timocle adulescentem viginti annorum Agesarchi statuam fecisse, tum virum quinquaginta annorum alterum suum filium Dionysium procreasse, anno circiter 178, quid obstat, quin hunc Dionysium quinquagesimo aetatis anno Ofellii statuam fabricasse statuamus? Deinde negat Gurlittius Robertum Amyntae (40) statuae auctorem recte pro Polycle minore habuisse, cum hunc Pausanias Stadiei discipulum fuisse tradat, illum utpote artificis et filium et nepotem apud parentes suos didicisse consentaneum sit. Hoc argumentum quantum valeat inde apparet, quod etiam Acestoris artificis filius Amphion Ptolichi Aeginetae discipulus fuit (Paus. VI 17, 4. 3, 5). Neque tamen affirmaverim Robertum hac de re recte iudicavisse; nam cum supra viderimus (sub 40) potuisse Amyntam iam Ol. 146 vincere, non est cur statuam eius Polycli maiori abrogemus, dummodo ponamus filios eius iam tredecim fere annos ante patris mortem et ipsos arti operam dare coepisse; id quod profecto veri non dissimile. Immo egregie congruat cum eo, quod supra statuimus Timarchidem et, quem nunc adiungimus, fratrem quoque eius maiorem peradulescentes fuisse, cum Agesarchi statuam fingerent. Eam denique difficultatem, quam de Timoclis aetate movet Gurlittius, iam Robertus (l. l. p. 310) indicavit et me quidem iudice dissolvit. Contra quomodo factum esset, ut in epigrammate Agesarchi statuae subscripto Tritaeae incolae Arcades vocarentur, idem vir doctus nullo modo expedivit, immo in interpretandis Pausaniae verbis egregie falsus est, ut merito monuit Loewyus (Künstlerinschr. p. XXIII). Sed utut haec explicanda erunt, ad infringendum Chrysippi testimonium profecto nihil valent. Neque vero quae nuper repertae sunt inscriptiones duae una Lindia Πολυκλῆς Πολυκλέους κτλ. (IGIns. I 855), Attica altera Τιμαρχίδης Πολυκλέους Θορίκιος νεώτερος ἐποίησαν (Ath. Mitt. XX 216) ad quaestionem dissolvendam novi quicquam attulerunt.

110) Ad Astylum, cuius statua Ol. 76 posita esse videtur, inscriptionem Pythagorae nomine insignem (Inschr. v. Olymp. 145) referendam esse censeo, cum Robertus (O. S. 181), utrum Astyli an Dromei sit, in medio reliquerit. Maxima enim ei intercedit scripturae similitudo cum inscriptione Euthymi (56), qui Ol. 77

vicit (Inschr. v. Olymp. 144). Contra Dromei (69) victorias supra ad Ol. 80. 81 retulimus.

111) Pausanias et statuam Myronis nomine insignem et tabulam lapideam Chionidis Lacedaemonii victoriarum catalogum continentem vidit. In calce inscriptionis, cuius aliud exemplum Spartae collocatum erat (Paus. III 14, 3), dictum fuisse videtur Chionidem ea de causa hoplitarum certamine non vicisse, quod id certamen aetate eius nondum institutum fuisset; si enim fuisset, id quoque victurum fuisse. Unde non Chionidem ipsum, Olympiadum 28—31 victorem, sed multis post mortem eius annis Spartanorum rem publicam hanc tabulam dedicavisse rectissime collegit Pausanias. Nec minus recte statuam Chionidis εἰκόνα, i. e. effigiem ad similitudinem expressam, esse posse negavit; minime enim contendere voluit, statuam alium quendam Olympionicen repraesentare; ita qui verba eius intellegunt, quid intersit inter εἰκών et ἀνδριάς, nesciunt. Ceterum victoriarum catalogum et statuam eodem tempore posita esse apparet. Quod tempus quamvis ipsa Myronis aetate satis determinetur, tamen etiam accuratius definiri posse credo. Nam Lacedaemonii cum Chionidem iuxta Astylum Crotoniatam (110) ponerent, simultate aemulationeque id fecisse nemo non videt. Quatuor enim continuis Olympiadibus, 73—76, Astylus vicit (cf. Robertum O. S. p. 163); idem duobus saeculis antea Chionidi Lacedaemonio contigit. Quid mirum, tum praesertim veterem civis sui gloriam renovare studuisse Spartanos et, cum Pythagoras Astylum aere expressisset, Pythagorae aemulum Myronem Chionidis statuam fingere iussisse. Quod post Ol. 76, qua Astyli statua dedicata esse videtur, factum esse apparet, neque tamen ita multo post. Chionidis mentio periegetae ansam praebet ad enumerandos alios quoque Olympionicas, qui aut pluribus Olympiadibus continuis aut eadem Olympiade plura certamina vicerint: Hermogenem, Politem, Leonidam (111a—c). Quarum statuas, si quae fuerunt, cave credas iuxta Chionidem positas fuisse.

112) Durim a scriptore celeberrimo eodemque Sami tyranno diversum non esse ipse Pausanias indicat, cum pergit: παρὰ δὲ τὸν τύραννον. Post verba τὸν δῆμον textum hiare,

et olim de Duridis regno sermonem fuisse, dudum intellectum est. Priorem sententiae partem, et ipsam lacunosam et corruptam, ita scribendam esse puto: Χιόνιδος δὲ οὐ πόρρω τῆς ἐν Ὀλυμπίᾳ στήλης καὶ ὁ Σάμιος Δοῦρις ἕστηκεν[1]); tum τὸ δὲ ἐπίγραμμα δηλοῖ τὸ ἐπ' αὐτῷ νικῆσαι, ἡνίκα ὁ Σαμίων δῆμος κτλ., nam Χίονιν, quod in codicibus post νικῆσαι legitur, aperte glossema est; Σκαῖος vere Schubarti infelicissimum commentum.

113) Diallum post Ol. 145 vicisse, ex iis quae de Amynta (40) disputavimus, apparet. At cum Amyntam ad Ol. 146 retulerim (v. sub 109), aut Ol. 147 aut postea Diallus coronam nanctus sit necesse est. Neque tamen quicquam obstat, quin eum ipsi illi Ol. 147 adsignemus.

114) Thersilochum, qui pugilando pueros vicit, Robertus cum de Polycleti maioris operibus ageret, neglexit (O. S. 185). Neque tamen dubium esse potest, quin huic artifici statua tribuenda sit, cum una cum Aristione hisce verbis commemoretur: Θερσίλοχον δὲ Κερκυραῖον καὶ Ἀριστίωνα Θεοφίλους Ἐπιδαύριον, τὸν μὲν ἀνδρῶν πυγμῆς, Θερσίλοχον δὲ λαβόντα ἐν παισὶ στέφανον, Πολύκλειτος ἐποίησε σφᾶς ὁ Ἀργεῖος. In pugilatorum autem imberbium catalogo cum inter Ol. 73 et 91 una Ol. 87 vacua sit, huic Thersilochi victoriam adsignare non dubito.

119. 119a) Postquam Tisandrum quater Olympia totiensque Pythia vicisse narratum est, ita pergitur: Κορινθίοις δὲ οὐκ ἦν πω τηνικαῦτα οὐδὲ Ἀργείοις ἐς πάντας ὑπομνήματα τοὺς νενικηκότας[2]). Apertum est Pausaniam dicere voluisse, num Isthmia quoque et Nemea Tisander vicisset, se ignorare, nam ea aetate illum vixisse, qua victorum indices Argis et Corinthi nondum extitissent. Talia autem in epigrammate statuae subscripto dicta fuisse, nullo modo a me impetrare possum ut credam. Itaque ne ea quidem, quae de Tisandri victoriis Olympicis et Pythicis antea narrantur, ex epigrammate sumpta esse

---

1) καὶ ὃς (καὶ ὅσας Lb) ἕστηκεν ὁ Δούριος Σάμιος BM Pc Ag Lb, καὶ ὃς ἕστηκε καὶ ὁ Δούριος Σάμιος La, ἕστηκεν ὁ Δούριος Σάμιος Vah.

2) Νεμεάτας codd.; recepimus Kayseri emendationem. Νέμεια καὶ Ἴσθμια νενικηκότας J. C. Schmidt, Νεμέᾳ καὶ Ἰσθμῷ νενικηκότας Schubart, qui primus traditam lectionem ferri non posse perspexit.

putaverim, sed ex Olympionicarum Pythionicarumque catalogis.
Omnino autem quin de Tisandri statua Pausanias agat, vehementer
dubito.  His enim verbis Tisander inducitur: ὄνομα δὲ καὶ ἐς
τοὺς ἔπειτα εἶναι τῆς Νάξου Τίσανδρος ὁ Κλεοκρίτου μάλιστα
αἰτίαν ἐχέτω, quae in memoriam reducunt illa de Phidiae
puero dicta VI 4, 5: ὁ δὲ παῖς ὁ ἀναδούμενος ταινίᾳ τὴν
κεφαλὴν ἐπεισήχθω μοι καὶ οὗτος ἐς τὸν λόγον κτλ., ubi
de statua Olympionicae non magis agitur.  Immo luce clarius
est, verba Νάξου δὲ οἰκισθείσης — ὑπομνήματα τοὺς νενικηκότας disgressionem esse, cuius sententia haec est: oppidorum
diu exstinctorum memoriam Olympionicarum gloria continuari.
Ansa autem eius disgressionis in praecedentibus quaerenda est;
sed ibi hiat oratio: Κυζικηνῷ δὲ Ἀγεμάχῳ τῶν ἐκ τῆς Ἀσιανῆς
ἠπείρου *** γενέσθαι ἐν Ἄργει ἐπίγραμμα τὸ ἐπ' αὐτῷ μηνύει.
Nemo profecto negabit Agemachum Nemea quoque vicisse posse;
sed quomodo Cyzici nomen scriptorem ad eiusmodi considera-
tionem invitare poterat?  Immo alius cuiusdam Olympionicae
mentionem excidisse apparet.  Qui quisnam fuerit, in promptu
coniectura est.  Olympiae in lucem rediit Acestoridis tabula
aenea ex Troade Alexandrini, qui primus civium suorum Olympia
vicit (Inschr. v. Olymp. 184, v. supra sub Sodama 42); eundem
Argis vicisse epigrammatis versus quartus indicat: Νεμέα δ' ἴαχεν
ἀθλοφόρον.  Is autem perfacile veterum Troianorum gloriam
redintegrare dici et Pausaniam ad eam, quam supra significa-
mus, deliberationem illicere poterat.  Adde quod Dittenbergerus
Acestoridem inter Ol. 142—144 vicisse demonstravit, Agemachi
autem victoria Ol. 147 parta est, ut et hac de causa et ideo,
quod Aeoli ambo erant, statuae eorum una positae esse videantur.  Tisandrum autem sexto vel septimo saeculo vicisse pro
certo habendum est.

120. 121) Duo monumenta vidit Pausanias: equum, aeneum
ni fallor, Phidolae Corinthii donarium, et pilam, in qua et
equi imago et epigramma insculptum erat hoce:

Ὠκυδρόμας Λύκος Ἴσθμι' ἅπαξ, δύο δ' ἐνθάθε νίκαις
    Φειδώλα παίδων ἐστεφάνωσε δόμους.

At in Olympionicarum catalogo semel tantum Phidolae filii idque
Ol. 68 notati fuerunt; itaque epigramma a catalogo dissentire

monet Pausanias. At hunc dissensum nullo negotio tolli posse intellexit Bergkius, qui in lapide scriptum fuisse statuit:

$$\Phi\varepsilon\iota\delta\acute{\omega}\lambda\alpha\ \pi\alpha\acute{\iota}\delta\omega\nu\ \langle\tau'\rangle\ \dot{\varepsilon}\sigma\tau\varepsilon\varphi\acute{\alpha}\nu\omega\sigma\varepsilon\ \delta\acute{o}\mu\upsilon\varsigma.$$

Quam vero facile *T* ante *E* oculum antiquarii titulum sexti saeculi Corinthium describentis, sive is Pausanias fuit sive Polemon, fugere potuerit, apertum est. Ergo eodem equo primum Phidolas, tum filii vicerunt. Atque prioris illius victoriae, quam Ol. 67 aut Ol. 66 partam esse consentaneum est, monumentum equus ille aeneus, quem Pausanias commemorat, procul dubio fuit. Immo etiam epigramma huic equo subscriptum in Anthologia Palatina VI 135 servatum esse Bergkius, cui Pregerus[1]) obloqui non debebat, verissime monuit. Est autem hoc:

$$O\mathring{\upsilon}\tau o\varsigma\ \Phi\varepsilon\iota\delta\acute{o}\lambda\alpha\ \mathring{\iota}\pi\pi o\varsigma\ \mathring{\alpha}\pi'\ \varepsilon\mathring{\upsilon}\rho\upsilon\chi\acute{o}\rho o\iota o\ K o\rho\acute{\iota}\nu\vartheta o\upsilon$$
$$\mathring{\alpha}\gamma\kappa\varepsilon\iota\tau\alpha\iota\ K\rho o\nu\acute{\iota}\delta\alpha\ \mu\nu\tilde{\alpha}\mu\alpha\ \pi o\delta\tilde{\omega}\nu\ \mathring{\alpha}\rho\varepsilon\tau\tilde{\alpha}\varsigma.$$

Nullius profecto momenti est, quod inferiore aetate Corinthii equum illum, quo Phidolas Olympia vicerat, Auram, non Lycum vocatum esse fabulati sunt; praesertim cum origo totius, quam Pausanias refert, narratiunculae perspicua sit. Scilicet mirati sunt posteri equum sine equite repraesentatum esse, quod tamen antiquiori consuetudini respondere Croconis equus (126) et Euagorae quadriga (99 b) docent. Inde fabula nata est, Phidolae equum equitem amisisse ac vacuum nihilominus vicisse.

121a) **Agathinum** iniuria pro Olympionica haberi iam Rutgersius suspicatus est. Nam prorsus Pausaniae consuetudini repugnat, certaminis genus non indicare. Itaque statuam ei propter alia merita ab Achaeis concessam esse existimo.

122) **Telemachi** basis inventa est (Inschr. v. Olymp. 177). Litterarum formae victoriam eius saeculo quarto exeunti vel tertio ineunti vindicant.

123) Idem de **Aristophonte** valet; cuius baseos fragmentum prope Telemachi basim repertum est (Inschr. v. Olymp. 169); alterius statuae basis in arce Athenarum (CIA II 1475).

125) **Nicasyli** aetas prorsus incerta est. Tum digressionem facit auctor, Artemidori (125a) sortem cum Nicasylo

---

1) Meletemata de epigramm. graec. 18 ff., Inscriptiones graec. metr. no. 123.

conferens. Artemidoro autem aut nullam statuam fuisse aut alio loco positam inde elucet, quod Pausanias Croconis equum iuxta Nicasylum situm esse dicit.

126) Croconem Eretriensem ante Ol. 72, 3, quo anno Eretria deleta est, vicisse et per se patet et donarii specie confirmatur. Ol. 71 Empedocles, Ol. 68 Phidolae filii, Ol. 67 ipse Phidolas equo vicerunt. Ergo Croconis victoria aut Ol. 70 aut Ol. 69 aut ante Ol. 67 parta est.

128a. b. c) Pythocriti monumentum post octavam Pythiadem dedicatum esse ex Pausaniae verbis elucet. Cylonis statuam statim post Aristotimi mortem a. 372 positam esse consentaneum, Pyrrhi regis aut eodem anno aut eo, quo Peloponnesum adiit, i. e. a. 273; cf. Paus. I 13, 7 s.

129) Gorgus Polybio (V 5, 4) teste Ol. 140 ad Philippum tertium legatus missus est. Victoriam autem eius huic legationi antecessisse ex ipsis Polybii verbis apparet: διὰ δὲ τὴν ἄθλησιν κατὰ τὴν ἀκμὴν πάντων ἐνδοξότατος ἐγεγόνει τῶν περὶ τοὺς γυμνικοὺς ἀγῶνας φιλοστεφανούντων, et brevi post: καὶ μὴν ὅτε καταλύσας τὴν ἄθλησιν ἐπὶ τὸ πολιτεύεσθαι καὶ τὸ πράττειν τὰ τῆς πατρίδος ὥρμησε κτλ. At Theronem artificem, qui statuam Gorgi fecit, saeculo a. Chr. altero floruisse ex tituli eius, qui Pergami repertus est,[1]) scriptura concludunt. Quae controversia ita solvenda esse videtur, ut Theronem admodum adulescentem Gorgi statuam fecisse, senem se Pergamum contulisse statuamus. Nos certe Polybii testimonio confisi ad Ol. 138 vel 139 victoriam eius referimus.

131) Anauchidam duas suas victorias ante Ol. 74 adeptum esse iam supra (sub Philye 89) probabile reddidimus. Iterum Anauchidae statuam Pausanias infra VI 16, 1 commemorat, quo de loco quid iudicandum sit postea videbimus. Unam enim tantum Anauchidae statuam Olympiae fuisse recte a Kalkmannio (l. l. 88), Gurlittio (l. l. 425), aliis statui vel inde elucet, quod antea V 27, 12, ubi de Mendaeorum anathemate verba facit, scribit: καὶ κεῖται μὲν παρὰ τὸν Ἠλεῖον Ἀναυχίδαν.

---

1) Fraenkel, Inschr. v. Pergamon 149, Loewy, Inschr. 156.

133. 134) Xenombrotum patrem Ol. 83, Xenodicum filium Ol. 84 vicisse Robertus (O. S. 180 s.) ostendit. Idem basim monumenti eorum, quod Timonis Aegyptique donario (17. 18) simillimum erat, ex parte conservatam esse cognovit (Inschr. v. Olymp. 154) et inscriptionem eius mutilatam, quantum fieri potest, restituit. Sed quid de alia basi iudicaret, quam et ipsam Xenombroti aliquod monumentum portasse epigramma insculptum testatur (Inschr. v. Olymp. 170), dicere praetermisit. Officium a praeceptore doctissimo neglectum iam ego suscepturus primum epigramma, quale a Dittenbergero restitutum est, hic adponam:

$Α\mathring{v}τα$ $πεν\vartheta o]μένοις$ $ἐτύμα$ $φάτις,$ $ἱππάδ]α$ $[νίκαν]$
$κείνᾳ$ $καλλίσταν]$ $εἶναι$ $ὀλυμπιάδι,$
$ᾇ$ $Κ]ῴων$ $ὅ[σ]ι[ον$ $δρομι]κοῦ$ $Πισαῖον$ $ἄε\varthetaλον$
$πρῶτος$ $ἑλὼν$ $[Μ]έροπος$ $ν[ᾶσ]ον$ $ἐσα[γ]ά[γετο]$
$τοῖ]ος,$ $ὁποῖο[ν]$ $ὁ[ρ]ᾷς,$ $Ξενόμβροτο[ς$ $ἁ$ $δέ$ $νιν]$ $Ἑλλὰς$
$ἄφ\vartheta ιτον$ $ἀείδ[ει]$ $μνωμένα$ $ἱπποσύνας.$

Hanc basim ad statuas a Pausania descriptas nullo modo pertinere posse primo obtutu apparet. Nam ille cum scribat: $παῖδα$ $δὲ$ $ἐφ'$ $ἵππου$ $κα\vartheta ήμενον$ $καὶ$ $ἑστηκότα$ $ἄνδρα$ $παρὰ$ $τὸν$ $ἵππον,$ has statuas, unam pedestrem, equestrem alteram, in una eademque basi positas fuisse manifestum est. At basis reperta, cuius latitudo ne trium quidem pedum (0,72 metri gallici) est, uni statuae eique pedestri locum praebet. Deinde Pausanias testatur in eodem epigrammate et patris et filii victorias commemoratas fuisse: $φησὶ$ $τὸ$ $ἐπίγραμμα$ $εἶναι$ $Ξενόμβροτον$ $ἐκ$ $Κῶ$ $τῆς$ $Μεροπίδος$ $ἐπὶ$ $ἵππου$ $νίκῃ$ $κεκηρυγμένον,$ $Ξενόδικον$ $δὲ$ $ἐπὶ$ $πυγμῇ$ $παίδων$ $ἀναγορευ\vartheta έντα.$ At in epigrammate reperto nihil de Xenodico. Denique totum epigramma $ἐπιδεικτικὸν$ potius quam votivum est ac multis annis non solum post victoriam sed etiam post Xenombroti mortem compositum esse videtur. Quis enim proximis post victoriam annis dixisset: $Α\mathring{v}τα$ $πεν\vartheta oμένοις$ $ἐτύμα$ $φάτις$ $ἱππάδα$ $νίκαν$ $κείνᾳ$ $καλλίσταν$ $εἶναι$ $ὀλυμπιάδι$ $κτλ.,$ quis Xenombroto vivo: $ἁ$ $δέ$ $νιν$ $Ἑλλὰς$ $ἄφ\vartheta ιτον$ $ἀείδει$ $μνωμένα$ $ἱπποσύνας?$ His omnibus permotus cum Roberto statuo hoc monumentum posteriore aetate aut a civibus eius aut a nepotibus

vel pronepotibus dedicatum esse, quod idem Timoni obtigisse
supra vidimus (105d), nisi quod in illius memoriam currum, in
Xenombroti modestius statuam pedestrem dedicaverunt. Adde
quod duo maiora baseos illa fragmenta prope curiam inventa
sunt, ita ut statua extra Alteos muros in foro posita fuisse
videri possit. Quibus omnibus perpensis hanc Xenembroti statuam Alexandri aetate nullo modo priorem esse posse statuo;
cui sententiae etiam litterarum formae favent, quas, opinor,
Dittenbergerus Purgoldiusque quarto saeculo modo non tribuissent,
nisi et de monumenti natura et de Pantiae artificis aetate minus
recte iudicassent.

135. 136) Non casu factum esse existimo, ut Meneptolemus Apolloniates et Philon Corcyraeus, ex Corinthiorum co-
lonia uterque, iuxta ponerentur. Philonem, qui etiam Ol. 72.
73 pugiles vicit, hanc primam de cursoribus imberbibus victoriam fere Ol. 69 vel 70 adeptum esse iam supra demonstravimus
(sub 91). Eidem fere aetati Meneptolemi victoriam adsignare
eo minus dubitamus, quod et quae sequitur statua Hieronymi
(137) et quae praecedunt Xenombroti et Xenodici, quinti saeculi sunt.

138) De Proclis aetate nihil adfirmare ausim. Nam
quamquam nihil obstat, quin eadem eum aetate vixisse putemus
ac civem eius Hieronymum, tamen monendum est, praeter Hieronymum et Proclem neminem Andrium Olympia vicisse. Itaque
factum esse potest, ut Procles inferioris aetatis victor statuam
suam iuxta priscum popularem ponendam curaret. Quae de So-
midis artificis aetate Gurlittius suspicatus est (l. l. 369), nullius
momenti sunt.

139) Recte statuit Foersterus (Nr. 451) ad Aeschinis
pentathli Elei statuam tituli fragmentum in curia repertum
pertinere (Inschr. v. Olymp. 176), quod ita fere supplendum
esse apparet:

[*Αἰσχίνης* . . . . . . *Ἀ*]*λεῖος πένταϑλον*

[*Ὀλύμπια δίς, Πύϑια*(?)] *δίς, Σωτήρια δίς, Ἐλευσ*]*ίνια δίς.*
Soteriorum mentio docet, titulum anno 279, vel potius, cum bis
Soteria Aeschines vicerit, anno 277 posteriorem esse. Scripturam
saeculo tertio medio antiquiorem esse Dittenbergerus et Purgoldius

iudicant. Itaque inter Ol. 126 et Ol. 132 Aeschines bis Olympia vicisse videtur.

140) Archippum saeculo quarto exeunte aut ineunte tertio vicisse tituli eruti scriptura docet (Inschr. v. Olymp. 173).

141) Xenonem Ol. 105 vicisse supra (sub Labace 24) ostendere conati sumus.

143) Haec statua Pantarcis ob merita eius de re publica post pacem inter Eleos et Achaeos Ol. 140, 4[1]) compositam consecrata est. Idem victoriam equo partam statua posita celebravit, quae tamen in alia Alteos parte collocata erat. Eodem fere tempore etiam Olaidae (143a) statuam ab Aetolis dedicatam esse suspicor.

145) Angelem Chium post Antipatrum (16) i. e. post Ol. 98 vicisse consentaneum est. Theomnestum, qui statuam eius fecit, Apellis et Aristotelis aequalem fuisse Brunnius (Künstl.-Gesch. II 257) et Robertus (apud Pauly-Wissowa V sub Dionysio no. 147) ostenderunt. Inde efficitur Angelem victoriam saeculo quarto exeunte, inter fere Ol. 115 et 120, consecutum esse.

147) Epithersis basis Olympiae eruta est (Inschr. v. Olymp. 186); scripturam saeculi tertii exeuntis vel ineuntis secundi esse Dittenbergerus et Purgoldius censent. De Pythocriti artificis, qui Epithersis statuam fecit, aetate egregie egit Hillerus de Gaertringen (Arch. Jahrb. II p. 40 s.), qui eum secundo a. Chr. saeculo floruisse statuit. Quae opinio cum Dittenbergeri Purgoldiique iudicio optime conciliari potest, dummodo statuamus Epithersem inter prima Pythocriti opera fuisse. Itaque victoriam eius inter Ol. 144 et Ol. 147 partam esse censeo; praesertim cum Clitomachus, iuxta quem statua Pythocriti posita erat, Ol. 141 et Ol. 142 vicerit.

147a—f) Quinque haec signa regum et civium bene meritorum Olympionicarum statuis interpositae satis diversis temporibus, partim quarto partim tertio saeculo consecratae esse videntur. Antigoni et Demetrii tituli reperti (Inschr. v. Olymp. 304. 305) simul cum decreto Byzantiorum (ibid. 45) erroris Pau-

---

1) Polybius V 105; Niese, Gesch. d. Hellenismus II(?) 458 s.

saniam coarguunt, qui Antigonum pro Demetrii filio habuerit, cum non Antigonus Gonatas, sed Antigonus ὁ μονόφθαλμος repraesentatus esset docentque statuas Ol. 118, 3 positas esse. Haec omnia egregie demonstravit Dittenbergerus. De aliis eiusdem Antigoni statuis vide sub 103d et 151b.

148) Eutelidae, qui Ol. 38 vicit, statua omnium Olympionicarum statuarum longe antiquissima est, ut falli Pausaniam apertum sit, qui VI 18, 7 hanc laudem Praxidamantis statuae tribuat. Mireris fortasse signum tam vetustum inter quarti tertiique saeculi statuas inveniri. At equidem nullus dubito, quin haec statua ex iis fuerit, quae quondam in Iovis templi area positae erant, hoc autem templo aedificato ad meridianum eius latus delatae sunt, v. cap. III.

148a) Hanc Arei statuam a Ptolemaeo Philadelpho simul cum patris statua (149a) dedicatam esse supra (105b) probabile reddidimus. Factum id ante Arei mortem itaque inter Ol. 124 et 128.

150) Ad Capri statuarum alteram utram pedem aheneum prope Alteos murum meridianum inventum pertinere non sine probabilitatis specie coniecit Furtwaenglerus (Broncen v. Olympia tab. III p. 11 s. nr. 3. 3a), idem negans quod multis placuit eidem aut alteri Capri statuae caput illud aheneum artis virtutibus insigne tribui posse, quod a septentrione Prytanei erutum est (ibid. tab. II p. 10 nr. 2. 2a). Cui viri clarissimi iudicio nos assentiri non posse iam supra indicavimus (sub Philandrida 10).

150a. 151) Pausaniam hic iterum Anauchidae mentionem facere, cuius statuam iam antea (131) descripserit, mirantur interpretes, alius aliam causam adferens, sententiarum autem nexu non perspecto. Quid quod vel in eo falsi sunt editores plerique, quod a verbis εἰσὶ δὲ εἰκόνες ἐν Ὀλυμπίᾳ novum caput incipere volunt. Paullo melius in editione minore Schubartus, qui verba Κάπρῳ μὲν δὴ οὐκ ἄνευ κτλ. novum caput inchoare iussit. Sed ne is quidem recte. Nam si omnino Pausaniae textus in capita dividendus est, novi capitis initium verba Πλείσταινον δὲ τὸν Εὐρυδάμου esse debent. Sed haec quidem hactenus. Sic autem Pausanias scribit: Κάπρῳ μὲν δὴ οὐκ

ἄνευ μεγάλων πόνων καὶ ἰσχυρᾶς ταλαιπωρίας ἐγένοντο αἱ νῖκαι, εἰσὶ δὲ εἰκόνες ἐν Ὀλυμπίᾳ καὶ Ἀναυχίδᾳ
καὶ Φερενίκῳ, γένος μὲν Ἠλείοις, πάλης δὲ ἐν παισὶν
ἀνελομένοις στεφάνους. Nonne quid haec sibi velint, luce
clarius est? Quod Capro multos post labores obtigit, statuae
Olympicae honor, id vel pueri Anauchidas et Pherenicus luctatu,
omnium levissimo certamine, impetraverunt. Sententia igitur ex
iis contemplationibus est, quales scriptor in deliciis habet. Inepta
sane, praesertim cum tot puerorum statuas iam antea comme-
moraverit. Sed qui tales ineptias a Pausania alienas esse putat,
nunquam attente eum totum perlegit. Quae cum ita sint, Phere-
nici statuam non magis quam Anauchidae iuxta Caprum positam
fuisse elucet neque vero, quando Pherenicus vicerit, ullo modo
enucleari posse.

152) Aetolorum cum Thessalis bellum, in quo Timon
stipendia meruit, a. 200. 199 (Ol. 145) gestum esse videtur.[1]
Haud ita multo post Ol. 146 vel 147 eum Olympia vicisse probabile est.

153) Aristides et aliis certaminibus et Nemeis eo cursus
genere vicit, quod ἵππιος vocatur, quod per aliquod tempus
intermissum Hadrianus redintegravit. Utrum autem post hanc
redintegrationem Aristides vicerit, ita ut pro Pausaniae aequali
habendus sit, an priusquam certaminis illud genus exercere de-
sierint, ex scriptoris verbis nullo modo erui potest, ita ut huius
victoris aetas prorsus incerta sit.

154a) Philonidis, Alexandri Magni hemerodromi, basis
eodem bis inscriptione diversis temporibus insculpta Olympiae
eruta est (Inschr. v. Olymp. 276. 277).

155a) Leonidae Naxii, Leonidaei conditoris (Paus. V 15, 2.
Inschr. v. Olymp. 651), basis inventa est (Inschr. v. Olymp. 294).
Litterarum formae sunt saeculi quarti posterioris. Itaque fuit
Philonidis (154a) aequalis.

156) Asamonis statuam Pyrilampes fecit, de cuius aetate
vide sub Labace (24). Inde apparet Asamonem inter Ol. 103
et 113 vicisse.

---

1) Niese, Gesch. d. Hellenismus II 588 ss.

158) Eualcidam Eleum, qui pugilando pueros bis vicit, Foersterus eundem esse censet, quem Herodotus, ubi de pugna apud Ephesum commissa agit (V 102), hisce verbis commemorat: καὶ πολλοὺς αὐτῶν οἱ Πέρσαι φονεύουσι ἄλλους τε ὀνομαστούς, ἐν δὲ δὴ καὶ Εὐαλκίδεα (Εὐελκίδην aut Εὐαλκήδεα var. lect.) στρατηγέοντα Ἐρετριέων, στεφανηφόρους τε ἀγῶνας ἀναραιρηκότα καὶ ὑπὸ Σιμωνίδεω τοῦ Κηίου πολλὰ αἰνεθέντα. At quis unquam sibi persuaserit Eleum hominem gentis imbellissimae Euboico exercitui praepositum fuisse? Apage igitur hanc coniecturam. Eualcidas Herodoteus certe non Eleus, sed Eretriensis num omnino Olympia vicerit nescimus, Eualcidas Eleus quando vicerit, plane incertum est.

159) Seleadae Spartani, qui luctando vicit, aut egregie fallor, aut baseos angulus sinister Olympiae inventus est (Inschr. v. Olymp. 183). Haec basis quatuor disticha continebat, quorum prima tantum verba conservata sunt, ita ut de restitutione desperandum sit; sed dialectus Dorica est (θάεο v. 1), ut par est in titulo Spartanum celebrante, et de luctatore agi propter ἀπτῶ[τος (v. 3) et εἶλεν vocabula[1]) probabile est. Carmini unus versus oratione soluta scriptus subiectus est, qui ab litteris ΣΕΛΕ incipit. Quem Dittenbergerus artificis subscriptionem esse ratus Σέλε[υκος ἐποίησεν restituendum esse proposuit. At post ea, quae modo disputavimus, quis non videt, victoris nomen esse; itaque scribendum est Σελε[άδας ...... Λακεδαιμόνιος]. Adde quod lapis in Leonidaeo inventus est, prope quod Seleadae statuam stetisse ab omnibus conceditur. Scripturam Dittenbergerus et Purgoldius tertio saeculo tribuunt. Ergo inter Ol. 120 et 145 Seleadas vicisse videtur.

160. 161) Polypithes in memoriam victoriae quadriga partae parvum currum, aheneum opinor, consecravit, in cuius basi, si Pausaniae verba καὶ ἐπὶ στήλης τῆς αὐτῆς Καλλιτέλης ὁ τοῦ Πολυπείθους πατήρ, παλαιστὴς ἀνήρ pater Calliteles anaglypho opere expressus conspiciebatur. En antiquissimae speciei monumentum. Memineris equorum Phidolae (120) et

---

1) Cf. Inschr. v. Olympia 164 de Xenocle luctatore (85): ἀπτὴς μοινοπαλᾶν τέσσαρα σώμαθ' ἑλών.

Croconis (126), currus Euagorae (99 b), anaglyphorum filiorum Phidolae (121) et Pythocriti (128 b), quae ad unum omnia sexto saeculo consecrata esse intelleximus. Eadem igitur aetate Polypithem et Callitelem vicisse consentaneum est, Polypithem fere Ol. 68 — 70, nam ceterae Olympiades occupatae sunt, nisi ad antiquissima tempora ascendere mavis, Callitelem aliquot annis ante filium. Quod vero monumentum tam vetustum inter inferioris aetatis stabat, id eadem via explicaverimus, quam supra de Crocone (126) agentes inivimus. Olim enim in Iovis templi area posita Polypithis pila postea a latere huius templi collocata est. Idem Pythocriti pilae (128 b) contigisse occasione data moneo. Eidem autem aetati, ad quam modo Polypithis pilam retulimus, lapidis fragmentum tribuendum, quod Olympiae inter Leonidae (155 a) et Glauconis (169) inscriptionem repertum est, in ea igitur Alteos parte, in qua etiam Polypithis monumentum stetisse certum est (Inschr. v. Olymp. 632). Supra inscriptionem largum spatium relictum est, ita ut anaglypho locus idoneus sit. Inscriptio haec est:

$$\dot{\varepsilon}]\pi o[\dot{\iota}]F[\eta]\dot{\varepsilon} \ \ '\!A\varrho\gamma\varepsilon\tilde{\iota}o\varsigma$$
$$o]\iota \ \dot{\alpha}[\nu\dot{\varepsilon}]\vartheta\eta\varkappa\alpha\nu.$$

Duo igitur victores monumentum dedicavere. Itaque fieri potest, ut lapis ad Polypithis et Callitelis monumentum pertineat et alter lapis ita supplendus sit:

$$K\alpha\lambda\lambda\iota\tau\dot{\varepsilon}\lambda\eta\varsigma \ . \ . \ . \ . \ ., \ \Pi o\lambda\nu\pi\varepsilon\dot{\iota}\vartheta\eta\varsigma \ K\alpha\lambda\lambda\iota\tau\dot{\varepsilon}\lambda o\nu\varsigma \ \varLambda\alpha\varkappa\varepsilon\delta\alpha\iota\mu\dot{o}\nu\iota o]\iota$$
$$\dot{\alpha}\nu\dot{\varepsilon}\vartheta\eta\varkappa\alpha\nu.$$

Lacedaemonios eo tempore Argivi artificis operis usum esse profecto nemo mirabitur.

161 a. b) Lampi alteriusque, cuius nomen in textu excidit. Elei statuas a Psophidiis ante a. 219, quo anno urbs eorum ab Achaeis capta est[1]), consecratas esse consentaneum est, fortasse eadem aetate, qua iidem Psophidii Leonidae statuam (155 a) ponendam curaverunt.

165) De Sthennidis artificis, qui et Pyttali et Choerili (180) statuas fecit, aetate longe optime egit E. Preunerus (Delph. Weihgesch. p. 102 s.). Primum igitur ex inscriptione Oropi

---

1) Cf. Polyb. IV 70; Niese, Gesch. d. Hellenismus II 439.

reperta (Loewy Künstlerinschr. 103 a. CIGGr. sept. I 279) apparet
Sthennidem eo etiam tempore arti operam dedisse, quo Lysimachus regis titulum sibi vindicaverat, id est post a. 306 (Ol.
118, 2). Hac in inscriptione Atheniensem, in altero titulo Athenis reperto, ut par est, demotico adscripto Diomea se Sthennis
nominat (Loewy 541, CIA II 1544); in tertio item Attico (Loewy
83, CIA II 1395) neque ethnicum neque demoticum additum
est. At Pausanias et nostro loco et sequente eum Olynthium
vocat; itaque ex iis Olynthiis eum esse apparet, qui patria
a. 348 (Ol. 108) deleta Athenas migraverunt ibique civitate donati
sunt. Admodum adulescentem id temporis Sthennidem fuisse manifestum est, neque tamen puerum, cum non ita multo post una
cum Leochare Pandeitae et Pasiclis monumentum in arce Atheniensium consecratum fecisse videatur (Loewy 83, CIA II 1395).
Quod vero Pausanias, ubi de statuis eius Olympicis agit, Olynthium eum nuncupat, inde nullo modo concludendum est has
statuas ante Ol. 108 positas esse. Nam primum quidem etiam
post Olynthum deletam Sthennis Olynthium se vocare potuisse,
maximeque extra Athenas, contra Benndorfium (Zeitschr. f. d.
österr. Gymn. XXVI 1875 p. 743) contendere non dubitaverim.
Deinde vero in ethnicis artificum iudicandis non semper Pausanias ad titulorum textum se applicat, velut VI 6, 1, ubi de
Narycida (49) agit, Sicyonium appellat Daedalum, cum in lapide,
nisi omnia fallunt, Phliasius, certo non Sicyonius nuncupatus
fuerit. Quod vero O. Rayet (Rev. d. ét. gr. II 100) Pyttali arbitrium inter Eleos et Arcades actum, de quo Pausanias narrat,
ad a. 362 refert, quod si recte fecisset, Pyttalum fere Ol. 99
vicisse efficeretur, eam opinionem nec satis stabilitam neque vero
probabilem esse Preunero praeeunte existimo. Nam eo anno
controversiae inter duas illas res publicas graviores erant, quam
quae unius viri privati eiusque alterius rei publicae civis dissolvi
possent; neque tale arbitrium cum Xenophontis narratione (Hell.
VII 4, 33 ss.) conciliari potest. Contra etiam post a. 362 leviores
controversias finitimas inter Eleos et Arcades existere nunquam
desiisse et per se patet et traditur, ut Pyttalo certe occasio
arbitrii ferendi non deesset. Denique alterum Sthennidis opus,
Choerilus (180), iuxta Theotimi (181) statuam collocatum erat,

quem inter Ol. 116 et 120 vicisse supra demonstratum est (sub Hippomacho 107). Itaque et Pyttalum et Choerilum inter Ol. 108 et Ol. 119 coronam Olympicam tulisse statuo.

169) Glaucon Atheniensis, de cuius rebus gestis egregie egit Wilamowitzius (Antigonus v. Carystus 225 ss.), ut olim Cynisca (7) morem saeculi sexti imitatus currum parvum aheneum dedicavit, cuius basis reperta est (Inschr. v. Olymp. 178). Non minus statuae illius, quam Ptolemaeus Euergetes in honorem amplissimi viri Olympiae consecraverat, basis ad lucem rediit (Inschr. v. Olymp. 296). Glaucon per annos 262 — 242 in fastigio auctoritatis stetit. Eo igitur tempore illum victoriam Olympicam adeptum esse veri simile est, quam Olympiadibus 128—137 circumscribimus.

---

170) Hellanodicarum decretum in honorem Democratis factum tabulae aheneae inscriptum Olympiae repertum est (Inschr. v. Olymp. 39). Litterarum formas ad priorem saeculi tertii partem referunt Dittenbergerus Purgoldiusque. Quare inter Ol. 120 et 132 Democrates vicisse videtur. Ceterum Dionysiclis artificis notitiam aliunde nullam habemus.

171) Criannii statuam qui fecit, Lysus Macedo natu fuisse a Pausania perhibetur. Itaque post Alexandri Magni tempora eum vicisse non possumus non sumere; nam antea Macedones arti plasticae operam dedisse incredibile est.

172) Herodoto post Antipatrum i. e. post Ol. 98 coronam contigisse certum est; et cum statuis saeculi tertii circumdatus sit, non sine probabilitate eidem tempori adsignari potest.

173. 173a) Coi Philinum suum ideo iuxta Ptolemaei Philadelphi statuam ab Aristocle Macedone consecratam collocasse videntur, quod rex quoque ille Coi natus erat. Quocirca Ptolemaei statua Olympiade 130 antiquior esse videtur.

178. 179) Hermesianax Colophonius ut Ion post Ol. 98 vicisse existimandus est. Quem a poëta huius nominis notissimo non esse discernendum recte statuisse Siebelisium puto. Unde ipsum inter Olympiades 115 et 118, Icasium nepotem inter Olympiades 127 et 135 oliva esse coronatum efficitur.

180. 181) De Choerilo vide sub Pyttalo (165), de Theotimo sub Hippomacho (107).

182) Foersterus Westermanni coniecturam secutus Archi-
damum Eleum illum esse putat, cuius nomen apud Phlegontem
sub Ol. 27 excidisse videtur: Ἠλείων (leg. Ἠλείου) ἐκ Δυσπον-
τίου τέθριππον. Quo nihil profecto excogitari potuit infelicius.
Namque eorum, qui quadriga vicissent, neminem ante Cleo-
sthenem (99), Olympiadis 66 victorem, Olympiae statuam suam
dedicavisse diserte Pausanias testatur. Atqui Archidami statuam
fuisse, non currum, ut Euagorae et Croconis, ex Pausaniae verbis
Ἀρχίδαμος τεθρίππῳ νενικηκὼς καὶ Ἐπέραστός ἐστιν elucet. Ergo quo tempore Archidamus vicerit, prorsus esse incertum ingenue fatendum est.

183) Idem de Eperasto valet, nisi quod et epigrammatis
longitudo et ultima eius verba:

τῶν δ᾽ ἱερογλώσσων Κλυτιδᾶν γένος εὔχομαι εἶναι
μάντις ἀπ᾽ ἰσοθέων αἷμα Μελαμποδιδᾶν

indicare videntur non ante Alexandri Magni aetatem eum fuisse.
Nam antiquioribus temporibus haec loquacitas inaudita est. Vel
hinc apparet, non recte Treuium Eperasto caput illud aheneum
tribuisse, quod nos ad Phriciam retulimus.

## Caput III.

### De ordine descriptionis.

Quem in describendis Olympionicarum monumentis secutus sit Pausanias ordinem post Hirschfeldii,[1] Schereri,[2] Doerpfeldii[3] operas egregias disserturo hoc mihi lectores ante omnia monendos esse existimo, ne statuas illas in series quasdam longas et continuas velut milites in acie stantes vel arbores viam publicam prosegentes dispositas credant fuisse. Quod interdum factum esse, praesertim si ante templi alicuius gradus collocatae erant, non equidem nego; sed in universum eas per Alteos campum sicut silvae arbores dispersas fuisse censeo, ita ut contemplatori non certus visendi ordo quasi praescriberetur, sed summa cuiuslibet viae faciendae licentia relinqueretur. Errant igitur, qui Pausaniae quod dicunt iter una linea eaque paucis anfractibus procedente describi posse opinantur. Immo per quasdam Alteos partes formicino quasi gradu processisse consentaneum est, ita ut et ad eundem locum saepius reverteretur et longiora spatia silentio praeteriret, quae statuas memoratu dignas non continerent. Quae vero de statuarum dispositione dixi, non ex rei natura tantum conclusa sunt, sed ipsis monumentorum reliquiis a Germanis effossis confirmantur; vide modo, qua ratione inter Iovis templi frontem et murum meridianum singulae bases dispositae sint, fundamenta praecipue, quae Gelonis (90) et Cleosthenis (99) currus portasse Doerpfeldius evicit.[4]

---

1) Archäologische Zeit.
2) De Olympionicarum statuis. Dissert. Berol. 1885.
3) Olympia I, Topographie u. Geschichte p. 87 ss.
4) Olympia I, Topographie u. Geschichte p. 86, cf. tab. III.

Pausaniam nemo nescit descriptionem suam in duas partes divisisse, quarum una orditur a verbis ἔστι δὲ ἐν τῇ δεξιᾷ τοῦ ναοῦ τῆς Ἥρας κτλ. (VI 1, 3), et verbis ταῦτα μὲν δὴ τὰ ἀξιολογώτατα ἀνδρὶ ποιουμένῳ τὴν ἔφοδον ἐν τῇ Ἄλτει κατὰ τὰ ἡμῖν εἰρημένα (VI 17, 1) terminatur, altera autem a verbis εἰ δὲ ἀπὸ τοῦ Λεωνιδαίου πρὸς τὸν βωμὸν τὸν μέγαν ἀφικέσθαι τῇ δεξιᾷ θελήσειας, τοσάδε ἐστί σοι τῶν ἀνηκόν-των ἐς μνήμην inchoatur. Sunt autem hae partes magnitudine inter se diversissimae. Prior enim centum sexaginta novem Olympionicarum statuas complectitur, posterior non plus quattuor-decim aut, si etiam statuae monumentis vilioribus intermixtae[1]) et statuarum antiquissimarum par[2]) huic parti adnumerandae sunt, qua de re infra agemus, undeviginti.

Primum igitur de priore descriptionis parte loquamur. Cum enim Pausanias dicat ἐν δεξιᾷ τοῦ ναοῦ τῆς Ἥρας, ambigitur, utrum verba ἐν δεξιᾷ de contemplatoris an de templi, quasi figura humana praediti, latere dextro intellegenda sint. Quam-quam si verba V 26, 2 παρὰ δὲ τοῦ ναοῦ τοῦ μεγάλου τὴν ἐν ἀριστερᾷ πλευρὰν contuleris, ubi de Micythi donariis a sep-tentrione templi collocatis agitur, vel verba V 24, 3 τοῦ ναοῦ δέ ἐστιν ἐν δεξιᾷ τοῦ μεγάλου Ζεὺς πρὸς ἀνατολὰς ἡλίου, ubi de Iove Lacedaemoniorum, cuius basis a meridiana templi parte ad ortum solis versus reperta est,[3]) vel inde concludas, Pausaniam de dextro templi latere, id est de meridiana eius parte loqui. Accedit quod a septentrionali Heraei latere ad Cronii montis radices nullus omnino statuis collocandis locus relictus erat. Qui vero aut de dextra frontis parte aut de spatio inter Heraeum et Metroum interiecto cogitant, vereor ne prorsus iniuste Pausaniam obscuritatis ambiguitatisque arguant; hoc enim si voluisset, procul dubio scripsisset: ἔστι δὲ πρὸ τοῦ ναοῦ τῆς Ἥρας vel ἀπαντικρὺ δὲ τοῦ ναοῦ τῆς Ἥρας κτλ. Tenemus igitur Treuium, Flaschium, Furtwaenglerum, alios secuti, primas, quas Pausanias commemorat, victorum statuas ante Heraeum

---

1) VI 17, 7: ἀνδριάντας δὲ ἀναμεμιγμένους οὐκ ἐπιφανέσιν ἄγαν ἀναθήμασιν κτλ.

2) VI 18,7: πρῶται δὲ ἀθλητῶν ἀνετέθησαν εἰς Ὀλυμπίαν εἰκόνες κτλ.

3) Olympia I 86.

meridiem versus stetisse, praesertim cum paucae quae erutae sunt harum statuarum reliquiae omnes in ea regione repertae sint, quae ab Heraeo ad occasum vergit, in Prytaneo bases Troili (6) et Cyniscae (7), inter Prytaneum et Gymnasium caput Philandridae (10), Sophii titulus (22) in Cladei alveo. Atqui iam initio huius dissertationis statuimus tres ordines statuarum in hac descriptionis parte distingui posse: medium locum tenere Lacedaemonios (7—14), utrimque stare aliarum civitatum victores, maximam partem Eleos, quorum nemo quarto saeculo antiquior, pauci Alexandro Magno posteriores essent (1—6. 15—28). Hos igitur omnes longo quodam agmine ante Heraeum stetisse suspicor.

Sed pergamus ad reliquos. Praeter Gelonis et Cleosthenis curruum fundamenta unius tantum Olympionicae basim in situ antiquo repertam esse constat, Telemachi (122), quae iuxta meridianam Alteos partem locum habet. Sed eorum, qui inter Telemachum et Eupolemum (28) a Pausania commemorantur, nonnulli sunt quorum bases quamquam loco suo amotae tamen non longe avectae esse videantur, cum et bases illae una repertae sint et statuas olim coniunctas stetisse ex Pausaniae descriptione eluceat. Velut satis multae bases prope taurum aheneum ab Eretriensibus dedicatum inventae sunt, Narycidis (49) ad meridiem muro Byzantino inserta, Hellanici (65) item ad meridiem, Euclis (52) et Calliae (50) ad septentrionem, Euthymi (56) et Charmidis (58) ad orientem, cum Polydamantis (47) baseos fragmenta prope Echus porticum, Diagorae (59) basis apud Metroum, Damageti (62) in Leonidaeo, Doriei (61) circa Victoriam Paeonii et basim Telemachi, Cynisci (45) in aedibus Byzantinis reperta tam longe a pristinis sedibus remotae sint, ut ad has quaestiones topographicas diiudicandas prorsus nullius sint momenti. Sed ex iis, quae modo attulimus, apparere satis est statuas numeris 49—58 notatas ante Iovis templi frontem ad orientem versus stetisse. Porro Euclis statuam (52) a ceteris eiusdem familiae imaginibus (59—63) vel post mutationem inter Aristotelis et Pausaniae tempora factam[1]) non longe abfuisse, recte

---

1) Inschr. v. Olymp. 151.

ab omnibus viris doctis adseveratur. A Diagorae autem familia
eos, qui sequuntur, pugiles (64 — 68) nullo modo seiungi posse
iam supra p. 36 statuimus. Porro Diagorae familiam prope
Lysandrum (35a) collocatam fuisse Aristoteles auctor est (argum.
Pind. Ol. VII). Itaque etiam Pyrilampis (35) et Athenaei (36)
statuas, quibus Lysander cingebatur, in Diagorae vicinia positas fuisse, et Pausaniae descriptionem in gyrum rediisse iam
pridem intelleximus. Quae cum ita sint, non solum decem illas
quas supra diximus, sed triginta sex statuas, eas scilicet quae
numeris 35 — 70 notatae sunt, ante frontem templi Iovis ad
orientem stetisse certum est. Quarum dispositionem accuratius
nos definire posse cum propter flexuosum Pausaniae iter despe-
remus, id tamen contendere non dubitamus, triginta sex statuas
circa Lysandrum et taurum conglobatas stare nullo pacto potuisse, sed orientem versus usque ad Echus porticum eas fuisse
diffusas.

Idem de eis, quae exinde usque ad Telemachum enumerantur, monumentis valere vix est quod moneam. Sosicratis (71)
basis ante Iovis templi frontem eruta esse dicitur, loco accuratius non indicato, Critodami (80) ante aedificium juxta Echus
porticum positum quod „Südostbau" audit, Xenoclis (85) non longe
a Paeonii Victoria, ut appareat hanc statuarum seriem magis
ad meridiam positam fuisse. Denique curruum Gelonis (90) et
Cleosthenis (99) fundamenta prope murum meridianum extare
iam saepius diximus, neque longe ab iis orientem versus Tel-
lonis (102) basis, etsi non ea quam antiquitus obtinuerat sede,
eruta est; medium inter eas locum occupat basis Telemachi (122).

Ex iis, quae adhuc protulimus, elucet dimidiam fere partem
Olympionicarum statuarum, eas dico quas numeris 35 —122 de-
signavimus, inter Iovis templum et Alteos murum orientalem
collocatas fuisse. Quam multitudinem ut in aliquem certe ordinem redigamus, quo in disputatione nostra carere nequeamus,
quid obstat quin astronomorum morem secuti totum quod est
inter templum Iovis et Alteos murum spatium in zonas divi-
damus, quibus nomina a monumentis in antiquo loco conservatis
indamus? Itaque dehinc de tauri, Victoriae, curruum, Cleosthenis scilicet et Gelonis, zonis loquemur, quas tamen zonas

usque ad Echus porticum pertinere iterum iterumque monemus. Quae autem a Pausania inter Eupolemum (28) et Pyrilampem (35) statuae enumerantur, eas inter Heraeum et taurum, circa Oenomai domus reliquias et Iovis arae, si dis placet, fundamenta, in zona igitur Pelopii stetisse patet.

Post Telemachum (122) quas statuas Pausanias usque ad Philonidem (154a) commemorat, omnes inter Iovis delubrum et Alteos murum meridianum stetisse miro consensu affirmatur. Nimirum Aristophontis (123) basis non longe a Telemacho in muro byzantino, Xenombroti (133) et Xenodici (134) autem in aedificio iuxta Echus porticum sito inventa est. Itaque multo probabilius videtur statuas numeris 123—138 notatas a Telemacho ad orientem positas fuisse; sunt enim fere omnes saeculi quinti. Contra Aeschinis (139) basis in curia, Archippi (140) inter Iovis templi angulum anteriorem et murum meridianum, Epithersis (147) contra sextam templi lateris meridiani columnam, eodem fere loco Antigoni (147 f) baseos fragmentum, Capri (150) basis in muro Byzantino occidentali, qui a posteriore templi angulo initium capit, repertae sunt. Denique Philonidis (154a) statuae bathrum in fine occidentali muri meridiani antiquum suum locum hodie quoque occupat, baseos autem pars superior proxime eum locum muro recentiori inserto erat. Quamobrem luce clarius est Pausaniam inde a verbis VI 14, 13 Αἰσχίνῃ δὲ Ἠλείῳ νῖκαί τε δύο ἐγένοντο πεντάθλου καὶ ἴσαι ταῖς νίκαις αἱ εἰκόνες, Ἀρχίππῳ [1]) δὲ Μιτυληναίῳ τοὺς ἐς τὴν πυγμὴν ἐσελθόντας κρατήσαντι ἄνδρας ἄλλο τοιόνδε προσποιοῦσιν οἱ Μιτυληναῖοι ἐς δόξαν κτλ. usque ad verba VI 16, 5 τοῦ δὲ Ἀριστείδου ἐγγύτατα Μενάλκης ἕστηκεν Ἠλεῖος ἀναγορευθεὶς Ὀλυμπίασιν ἐπὶ πεντάθλῳ καὶ Φιλωνίδης Ζώτου κτλ. revera eas statuas enumerare, quae inter Iovis aedem et Alteos murum meridianum collocatae erant. Itaque post Hieronymum (137) et Proclem (138) memoratos iter illum retro vertisse et Cleosthenis Gelonisque currus denuo praeteriisse statuimus.

---

1) Prave ab hoc vocabulo novum caput incipere statuunt editores; quod praetexi verbis Αἰσχίνη δὲ debebat.

Iam undeviginti statuae ex priore descriptionis parte reliquae sunt (155—169), quas, cum Philonides extremum muri finem occupet, aut ab altero viae latere aut ante Iovis templi frontem occidentalem stetisse necesse est. Hae autem bases hisce locis inventae sunt: Leonidae (155a) in muro byzantino Leonidaei lateri septentrionali adiecto, Seleadae (159) in ipso Leonidaeo, Polypithis Callitelisque (160. 161) prope aedes Byzantinas ad meridiem, Dinosthenis (163) partim ante earundem aedium apsidem, partim in palaestra, Glauconis (169) prope aedes Byzantinas ad septentrionem. Una Paeanii (167) basis usque ad regionem post Echus porticum sitam delata est. Haec si consideraveris, eas quas diximus statuas ante Iovis templi frontem occidentalem locum suum habuisse concedes multo probabilius esse quam in angulo Alteos.

Ventum est ad descriptionis partem alteram, cuius prima verba VI 17, 1 εἰ δὲ ἀπὸ τοῦ Λεωνιδαίου πρὸς τὸν βωμὸν τὸν μέγαν ἀφικέσθαι τῇ δεξιᾷ θελήσειας, τοσάδε ἐστί σοι τῶν ἀνηκόντων εἰς μνήμην magnam interpretibus difficultatem praebent. At postquam de Leonidaeo inter omnes convenit, quod Curtius Schererusque antea in contraria Alteos parte quaesiverant, omnes fere viri docti Pausaniam eadem, qua venisset, via aut fere eadem, certo praeter Iovis templi latus meridianum, rediisse statuunt. Quod ita graece dici potuisse negamus, cum nec de regrediendo nec de revertendo ullum verbum Pausanias dicat. Hoc enim si voluisset, certe εἰ δὲ ὀπίσω ἀναστρέψας ἀπὸ τοῦ Λεωνιδαίου πρὸς τὸν βωμὸν τὸν μέγαν αὖθις ἀφικέσθαι τῇ δεξιᾷ θελήσειας scripsisset. Quod vero paullo antea ἀνδρὶ ποιουμένῳ τὴν ἔφοδον ἐν τῇ Ἄλτει κατὰ τὰ ἡμῖν εἰρημένα periegeta scripsit, inde nullo modo concludi potest, quod Doerpfeldio placuisse video, novam quam ingressurus est viam extra Altim sitam esse. Nihil enim Pausaniae usitatius est, quam locum etiam atque etiam indicare, quamvis de quo loco agatur nemini dubium esse possit. Cuius consuetudinis exemplis cum omnes fere Pausaniae libri scateant, pauca nos hic apposuisse satis habemus, quae in Olympiae descriptione obvia sunt: V 27, 11 ἔστι δὲ ὑπὸ ταῖς ἐν τῇ Ἄλτει πλατάνοις κατὰ μέσον μάλιστά που τὸν περίβολον τρόπαιον χαλκοῦν.

VI 13, 5 Χιόνιδος οὐ πόρρω τῆς ἐν Ὀλυμπίᾳ στήλης. VI 15, 2 Παντάρκη δὲ Ἠλεῖον Ἀχαιῶν ἀνάθημα εἶναι τὸ ἐπίγραμμα τὸ ἐπ' αὐτῷ φησιν . . . . . οὗτος ἀνείλετο καὶ κέλητι ἵππῳ νίκην ὁ Παντάρκης, καί οἱ τῆς νίκης ὑπόμνημά ἐστιν ἐν Ὀλυμπίᾳ. VI 16, 8 Λακεδαιμονίῳ δὲ Δεινοσθένει σταδίου ἐγένετο ἐν ἀνδράσιν Ὀλυμπικὴ νίκη, καὶ στήλην ἐν τῇ Ἄλτει παρὰ τὸν ἀνδριάντα ἀνέθηκεν ὁ Δεινοσθένης. Omnibus autem his locis et quae praecedunt et quae sequuntur monumenta non secus et Olympiae et in Alti sita erant. Itaque actum est de hoc Doerpfeldii argumento. Tum vero etiam audacius dictum esse putaverim viam, quae longo circuitu Iovis templum ambit, a Leonidaeo ad Iovis aram ferre. Immo talibus verbis brevissima tantum via indicari posse videtur. Atqui quamquam de huius arae situ maxima inter viros doctos dissensio est[1]), quam dissolvi posse hoc temporis nego, id quidem ex Pausaniae notissimis verbis V 13, 8 ἔστι δὲ ὁ τοῦ Διὸς τοῦ Ὀλυμπίου βωμὸς ἴσον μὲν μάλιστα τοῦ Πελοπίου τε καὶ τοῦ ἱεροῦ τῆς Ἥρας ἀπέχων, προκείμενος μέντοι πρὸ ἀμφοτέρων apparere mordaciterque tenendum esse arbitror aram illam a Pelopio et Heraeo ad orientem versus constitutam fuisse, ita ut eos egregie falli statuam, qui reliquias inter Heraeum et Pelopium pro ea venditare velint. Ad eam igitur regionem qui proxima via pervenire voluerit, ei inter Pelopium et Iovis templi latus septentrionale iter faciendum erit. Ergo hanc Pausaniam viam indicare putaverim. Sed una restat difficultas; quid enim sibi volunt verba τῇ δεξιᾷ? In dextra? Cuiusnam? Aedificii alicuius? At praeter Leonidaeum nullius aedificii Pausanias hoc loco mentionem facit nullaque via excogitari potest, quae Leonidaei ad dextram ferens ad aram Iovis ducat. An alius aedificii mentio

---

1) Curtius et Adler, Olympia u. Umgegend 35; Flasch apud Baumeisterum 1067, Funde v. Olympia p. 2389; Boetticher, Olympia ² 190; Curtius, Altäre v. Olympia 4 ss., Abhandlungen ² 42; Adler, Arch. Anz. 1894 p. 88 ss., 1895 p. 108; Furtwaengler, Olympia, Ergebn. IV, 4; Scherer l. l. 56; Hirschfeld, Arch. Zeit. 1882 p. 119 ss.; Doerpfeld, Olympia II Bauwerke 161 s.; Puchstein, Wochenschrift f. class. Phil. 1895 p. 475; Puchstein et Koldewey, Arch. Anz. 1895 p. 107; Wernicke, Arch. Jahrb. IX p. 93; Trendelenburg, D. grosse Altar d. Zeus in Olympia 7 ff.

excidit? At, obsecro, cuiusnam? Num Iovis templi? At illius
latus septentrionale a Pausania ἀριστερὰν πλευρὰν vocari supra
p. 64 vidimus. An Pelopii? At cum illud ad meridiem fere
spectet, ipsius quoque latus laevum Pausanias praeterit. Itaque
de sua ipsius manu periegeta loqui videtur, atque revera hanc
interpretationem a plerisque viris doctis comprobari invenio, ita
quidem ut alteram viam ad dextram prioris sitam esse putent.
At quis unquam sanae mentis homo ita locutus est, dextrum
appellans, quod paullo antea sinistrum erat, nisi forte se corpus
vertisse addidit? Quae cum ita sint, verba τῇ δεξιᾷ aut qualia
traduntur aut ubi traduntur nullo modo ferri possunt. Quare
quamvis medendi ratio incerta sit, tamen proponere ausim haec
verba librarii culpa falso loco inserta post τοσάδε σοι trans-
ponenda esse, ita ut legatur: εἰ δὲ ἀπὸ τοῦ Λεωνιδαίου
πρὸς τὸν βωμὸν τὸν μέγαν ἀφικέσθαι θελήσειας, τοσάδε
ἐστί σοι τῇ δεξιᾷ τῶν ἀνηκόντων ἐς μνήμην. Conferas velim
V 24, 1 ἀπὸ δὲ τοῦ βουλευτηρίου πρὸς τὸν ναὸν ἐρχομένῳ
τὸν μέγαν ἔστιν ἄγαλμα ἐν ἀριστερᾷ Διός. Itaque ἐν δεξιᾷ
nihil aliud significat quam apud templum Iovis, cuius ante latus
occidentale, maxime vero septentrionale eas statuas, quas numeris
170—183 notavimus, collocatas fuisse suspicor.

At quid faciamus quinque iis statuis (184—186), quas
Pausanias monumentis vilioribus intermixtas esse dicit VI 17, 7?
Potest sane cogitari eas a periegeta corollarii instar adiunctas
esse, ita ut de situ earum nihil omnino diiudicari possit. Sed
Gorgiae (184a) basis contra anteriorem Iovis templi angulum
ad septentrionem versus inventa est, in eadem zona in qua
praecedentes imagines (170—183) stetisse modo intelleximus.
Itaque Pausaniae descriptionem eodem tenore continuari neque
viam periegetae hoc loco interrumpi apparet. Denique Oenomai
columnam, prope quam Rhexibii et Praxidamantis statuas sitas
esse Pausanias dicit VI 18, 7, non longe a Iovis ara abfuisse
idem testis est: V 20, 6 ἦν δὲ καλοῦσιν Οἰνομάου κίονα,
καὶ οἱ Ἠλεῖος καλοῦσιν [1]· ἔστι μὲν πρὸς τὸ ἱερὸν τοῦ Διὸς

---

1) Hanc librorum lectionem a pluribus editoribus temptatam ser-
vandam esse censeo. Dicit enim Pausanias: quam vulgo Oenomai columnam appellant, eam Elei quoque hoc nomine vocant.

ἰόντι ἀπὸ τοῦ μεγάλου βωμοῦ. Habemus igitur hic finem eius itineris, quod a Leonidaeo initium ceperat. Est autem alterum hoc quod vocant iter nihil aliud quam prioris itineris continuatio, neque id profecto Pausaniae verbis supra p. 68 adscriptis repugnat. Vera igitur sunt, etsi paullo aliter atque ille voluit accipienda, quae scripsit Doerpfeldius[1]): „Zu unserer Verwunderung (admirandi nulla causa est) sehen wir, dafs der zweite Teil die ununterbrochene Fortsetzung des ersten Teils ist, also in Wirklichkeit nur eine einzige Ephodos, nur ein einziger Rundgang".

Hoc igitur modo victorum statuae per Altim distributae fuisse videntur:

I. Ante Heraeum ad meridiem versus:
Symmachus (1) — Eupolemus (28).

II. Inter Heraeum et taurum Eretriensium:
Oebotas (29) — Xenophon (34).

III. Ante Iovis templum ad orientem versus:
a) in zona tauri:
Pyrilampes (35) — Pythocles (70).
b) in zona Victoriae:
Sosicrates (71) — Philys (89).
c) in zona curruum:
Gelon (90) — Agathinus (121a).
d) prope Alteos murum meridianum:
Telemachus (122) — Procles (138).

IV. Ante Iovis templum ad meridiem versus:
Aeschines (139) — Philonides (154a).

V. Ante Iovis templum ad occidentem versus:
Brimias (155) — Glaucon (169).

VI. Ante Iovis templum ad septentrionem versus:
Democrates (170) — Sotades (186).

VII. Prope Oenomai columnam:
Praxidamas (187). Rhexibius (188).

---

1) Olympia I Topogr. u. Geschichte p. 88.

## Caput IV.

## Olympionicarum statuae secundum tempora discriptae.

Iam quomodo sensim Altis victorum statuis impleta sit quibusque quoque tempore locis hae statuae collocari solitae sint videamus. Nam quamvis statuarum ordinem nonnunquam mutatum esse ex Diagorae suorumque statuarum exemplo discamus, tamen nullam unquam statuam a pristino loco longe amotam esse pro certo habendum est. Cuius regulae una tantum exceptio admittenda est; statuarum enim antiquissimarum si quae forte in Iovis templi area positae erant, eas, cum templum illud aedificaretur, amovendas fuisse patet. Id quod in duabus statuis factum esse iam supra p. 56 suspicati sumus, mox accuratius intellegemus. Itaque denuo nunc statuas, quarum quidem aetas definiri possit, secundum temporum ordinem enumerabo, adscriptis olympiadibus quibus quaeque statua posita esse videtur.

### a) Tres statuae antiquissimae.

Eutelidas (148) Ol. 38 ante Iovis templum meridiem versus.
Praxidamas (187) Ol. 59 ⎫
Rhexibius (188) Ol. 61 ⎭ prope Oenomai columnam.

Eutelidae statuam omnium antiquissimam esse supra p. 56 statuimus. Eo magis mirandum est eam statuis saeculi quarti cinctam esse. Quod ita explicandum esse diximus, ut eam olim in Iovis templi area positam, cum hoc construeretur, in alium locum translatam esse statueremus.

*b) Ceterae statuae ante templum Iovis conditum positae.*

Pythocritus (128b) Ol. 58 — 62 ante Iov. templ. ad orient. vers. prope mur. merid.

Philys (89) Ol. 63 — 66 ibid. in zona curruum.

Anochus (132) Ol. 65 ibid. prope murum meridianum.

Glaucus (93) Ol. 65 ibid. in zona curruum.

Timasitheus (82) Ol. 65 ss. ibid. in zona Victoriae.

Agametor (92) Ol. 65 — 72 ibid. in zona curruum.

Milon (128) Ol. 66 ibid. prope murum meridianum.

Cleosthenes (99) Ol. 66 ibid. in zona curruum.

Crocon (126) Ol. 66 ibid. prope murum meridianum.

Phidolas eiusque filii (120. 121) Ol. 66 — 68 ibid. in zona curruum.

Calliteles et Polypithes (160. 161) Ol. 66 — 70 ante Iov. templ. ad occid. vers.

Meneptolemus (135) Ol. 69 vel 70 ante Iov. templ. ad orient. vers. prope mur. merid.

Damaretus et Theopompus I (94. 95) Ol. 70 ibid. in zona curruum.

Philon (136) Ol. 70 ibid. prope murum merid.

Idem (91) Ol. 73 ibid. in zona curruum.

Agiadas (103) Ol. 72 — 74 vel prius in zona curruum.

Epicradius (101) Ol. 72 — 74 ibid. in zona curruum.

Anauchidas (131) Ol. 73 ibid. prope mur. merid.

Gelon (90) Ol. 73 ibid. in zona curruum.

Protolaus (48) Ol. 74 ibid. in zona tauri.

Hieronymus (137) Ol. 75 ibid. prope mur. merid.

Theopompus II (96) Ol. 75 ibid. in zona curruum.

Iccus (97) Ol. 76 ibid. in zona curruum.

Theagenes (104) Ol. 76 ibid. in zona curruum.

Astylus (110) Ol. 76 ibid. in zona curruum.

Chionis (111) paullo post Ol. 76 ibid. in zona curruum.

Theognetus (83) Ol. 76 ibid. in zona Victoriae.

Vides omnes has statuas praeter unam in spatio inter Iovis templum et Echus porticum interiecto stetisse idque in meridiana eius parte. Una tamen Protolai statua tauri zonam attingit. Videtur igitur eo tempore ab Eleis praescriptum fuisse, ne statuae nimis longe a muro meridiano ponerentur. Solum Callitelis Polypithisque monumentum ante Iovis templi frontem occidentalem loco id temporis satis ignobili collocatum invenimus. Itaque de eo idem valere censeo ac de Eutelidae statua: olim in Iovis templi area positum cum templum aedificaretur amotum est. Ceterum vix est quod moneam Theopompum alterum consulto statuam suam iuxta avi et patris monumentum collocandam curavisse.

*c) Statuae a Iovis templo condito usque ad pugnam apud Aegos Flumen commissam positae.*

Euthymus (56) Ol. 77 ante Iov. templ. orientem versus in zona tauri.

Callias (50) Ol. 77 ibid. in zona tauri.

Tellon (102) Ol. 77 ibid. in zona curruum.

Hieron (105) Ol. 78 ibid. in zona curruum.

Ergoteles (46) Ol. 79 ibid. in zona tauri.

Diagoras (59) Ol. 79 ibid. in zona tauri.

Pytharchus (57) Ol. 79 ibid. in zona tauri.

Pherias (124) Ol. 79 ibid. in zona Victoriae.

Charmides (58) Ol. 79 ibid. in zona tauri.

Anaxander (8) Ol. 79 ante Heraeum.

Alexibius (177) Ol. 80 ante Iov. templ. sept. vers.

Oebotas (29) Ol. 80 inter Heraeum et taurum.

Arcas ignotus (79) Ol. 80 aut 84 ante Iov. templ. ad orient. vers. in zona Victoriae.

Sosicrates (71) Ol. 80 ibid. in zona Victoriae.

Cyniscus (45) Ol. 80 ibid. in zona tauri.

Timanthes (76) Ol. 81 ibid. in zona Victoriae.

Enation (176) Ol. 81 ante Iov. templ. ad sept. vers.

Mnaseas (117) Ol. 81 ante Iov. templ. ad orient. vers. in zona curruum.

Pythocles (70) Ol. 82 ibid. in zona tauri.

Leontiscus (38) Ol. 82 ibid. in zona tauri.

Aristion (115) Ol. 82 ibid. in zona curruum.

Damagetus (62) Ol. 83 ibid. in zona tauri.

Chimon (88) Ol. 83 ibid. in zona Victoriae.

Acusilaus (60) Ol. 83 ibid. in zona tauri.

Cratisthenes (185) Ol. 83 ante Iov. templ. ad sept. versus.

Lycinus (12) Ol. 83 et 84 ante Heraeum.

Xenombrotus et Xenodicus (133. 134) Ol. 83 et 84 ante Iov. templ. ad orient. vers. prope mur. meridian.

Alcaenetus (64) Ol. 84 ante Iov. templ. ad orient. vers. in zona tauri.

Damarchus (74) Ol. 84 ibid. in zona Victoriae.

Amertas (72) Ol. 84 — 90 ibid. in zona Victoriae.

Nicostratus (32) Ol. 84 — 94 inter Heraeum et taurum.

Gnathon (67) Ol. 85 ante Iov. templ. ad orient. vers. in zona tauri.

Baucis (77) Ol. 85 — 90 ibid. in zona Victoriae.

Pantarces (98) Ol. 86 ibid. in zona curruum.

Lycinus (68) Ol. 86 ibid. in zona tauri.

Aristeus (87) Ol. 86 — 93 ibid. in zona Victoriae.

Arcesilaus (13) Ol. 87 ante Heraeum.

Thersilochus (114) Ol. 87 ante Iov. templ. ad orient. vers. in zona curruum.

Pisirodus (63) Ol. 88 ibid. in zona tauri.

Xenarchus (11) Ol. 88 ante Heraeum.

Polycles (9) Ol. 89 ante Heraeum.

Hellanicus (65) Ol. 89 ante Iov. templ. ad orient. vers. in zona tauri.

Dorieus (61) Ol. 89 ibid. in zona tauri.

Theantus (66) Ol. 90 ibid. in zona tauri.

Lichas (14) Ol. 90 ante Heraeum.

Androsthenes (51) Ol. 91 ante Iov. templ. ad or. vers. in zona tauri.

Lastratidas (55) Ol. 93 —103 ibid. in zona tauri.

Bycelus (116) Ol. 93 —103 ibid. in zona curruum.

Eubotas (75) Ol. 93 — 104 ibid. in zona Victoriae.

Statuarum turmas septentrionem versus progredi videmus, ubi initio saeculi quinti Eretrienses magnam tauri effigiem dedicaverant. In eius tauri zona non minus viginti statuae ponuntur, in Victoriae decem, in curruum septem, ad murum meridianum una, ita ut ea Alteos pars, quae ad meridiem spectat, eo tempore iam satis occupata fuisse videatur. Eiusdem familiae victores coniunctos collocari, velut gentem Diagorae, iam in Damareti eiusque posterorum statuis observavimus. Sed ut Diagoridae statuas suas prope Euthymum celeberrimum praecedentis aetatis pugilem ponendas curant, ita Alcaenetus filiique et alii pugiles, velut Charmides, Gnathon, Lycinus a Rhodia illa pugilatorum familia non longe abesse voluerunt. Similiter Tellon Arcas, qui Ol. 77 pueros pugilando superavit, statuam suam iuxta Epicradii imaginem poni iubet, popularis sui, qui inter Ol. 72 — 74 eodem certamine vicerat. Valet igitur in loco statuae eligendo non solum affinitas gentis et familiae, sed etiam certaminis similitudo. Deinde sunt, qui statuas suas a ceteris segregare cupiunt, ad septentrionem semper pergentes. Primus Anaxander Lacedaemonius, qui Ol. 79 curru vicerat, regionem ante Heraeum sitam occupavit, cuius exemplum paullo post populares eius Lycinus Ol. 84, Arcesilaus Ol. 87, Xenarchus Ol. 88, Polycles Ol. 89, Lichas Ol. 90 secuti sunt, ad unum omnes victores currules. Apparet enim eam regionem, quae antea eiusmodi victoribus destinata fuisse videtur, eam dico ubi Phidolae, Cleosthenis, Gelonis monumenta stabant quaeque nobis curruum zona audit, iam satis oppletam fuisse. Itaque etiam Cratisthenes Cyrenaeus, qui et ipse curru vicit, monumentum suum inter Heraeum et Iovis templum constituit; nam cum a Pausania post Gorgiam commemoretur, in ea fere regione contra Iovis templi angulum anteriorem septentrionem versus steterit necesse est. In eadem parte eo tempore tres Heraeenses statuas suas collocant, Alexibius, qui Ol. 80 quinquertio, Enation, qui Ol. 81 puerorum cursu, Nicostratus, qui Ol. 84 — 94 puerorum luctatu vicerat. Nam quamquam Nicostratus a Pausania in priore, Enation Alexibiusque in altera descriptionis parte commemorantur, tamen dubium esse non potest, quin hae tres statuae inter se vicinitate quadam coniunctae fuerint, cum Nicostratum inter Heraeum et taurum, Enationem et Alexibium ante Iovis templum ad septentrionem stetisse e Pausaniae verbis eluceat. Denique Achaei ad antiquioris aetatis victoris memoriam ornandam in eadem Alteos parte Oebotae statuam dedicaverunt, Lacedaemonios imitati, qui paucis annis antea Chionidi suo eundem honorem tribuerant.

*d) Statuae a pugna apud Aegos flumen commissa usque ad Alexandri Magni aetatem positae.*

Promachus (81) Ol. 94 ante Iov. templ. ad orient. vers. in zona Victoriae.

Xenocles (85) Ol. 94—100 ibid. in zona Victoriae.

Critodamus (80) Ol. 94—103 ibid. in zona Victoriae.

Alcetus (86) Ol. 94—103 ibid. in zona Victoriae.

Hysmon (31) Ol. 94—103 inter Heraeum et taurum.

Lycinus (100) Ol. 94—103 ante Iov. templ. ad orient. vers. in zona curruum.

Euthymenes (78) Ol. 94—104 ibid. in zona Victoriae.

Neolaidas (2) Ol. 94—104 ante Heraeum.

Dicon (33) Ol. 95—99 inter Heraeum et taurum.

Damoxenidas (54) Ol. 95—100 ante Iov. templ. ad orient. vers. in zona tauri.

Naricydas (49) Ol. 95—104 ibid. in zona tauri.

Eupolemus (28) Ol. 96 ante Heraeum.

Cynisca (7) Ol. 97 ante Heraeum.

Chaereas (21) Ol. 96—107 ante Heraeum.

Hippus (26) Ol. 96—107 ante Heraeum.

Aristodemus (25) Ol. 98 ante Heraeum.

Antipater (16) Ol. 98 ante Heraeum.

Anonymus Samius (19) Ol. 98—99 ante Heraeum.

Timon et Aegyptus (17. 18) Ol. 98—101 ante Heraeum.

Athenaeus (36) Ol. 99—103 ante Iov. templ. ad orient. vers. in zona tauri.

Sotades (186) Ol. 100 ante Iov. templ. ad septent. vers.

Labax (24) Ol. 100—102 ante Heraeum.

Satyrus (39) Ol. 102—103 ante Iov. templ. ad orient. vers. in zona tauri.

Damiscus (20) Ol. 103 ante Heraeum.

Troilus (6) Ol. 103 ante Heraeum.

Philandridas (10) Ol. 103—104 ante Heraeum.

Polydamas (47) Ol. 103—106 ante Heraeum.

Telestas (127) Ol. 102—114 ante Iov. templ. ad orient. vers.
prope mur. merid.
Damaretus (130) Ol. 102—114 ibid. prope mur. merid.
Chilon (41) Ol. 103—115 ibid. in zona tauri.
Xenon (141) Ol. 105 ibid. prope mur. merid.
Pyrilampes (35) Ol. 105—106 ibid. in zona tauri.
Sostratus (37) Ol. 106 ibid. in zona tauri.

Duplici ratione per hanc aetatem statuas positas esse apparet; aut enim in meridiana Alteos parte in angusta, quae
inter antiquiores statuas relinquebantur, intervalla inseruntur,
aut ante Heraeum vacuum spatium, quod ab utraque Lacedaemoniorum parte patebat, occupatur. Itaque ante Heraeum collocatas invenimus statuas quatuordecim, inter Heraeum et taurum
tres, ante Iovis templum ad orientem versus in zona tauri
septem, in Victoriae quinque, in curruum unam, apud murum
meridianum tres. Cetera vero templi Iovis latera, imprimis
meridianum et occidentale, etiamtum tamquam loca ignobiliora
evitantur. Ceterum initio eius aetatis prope taurum Eretriensem
Lysandri statua dedicata, cuius viciniam pietatis ergo petunt
victores Iones Athenaeus et Pyrilampes, cum Critodamus et
Euthymenes Arcades imagines suas iuxta celeberrimum illum Arcadem pugilem ponendas curarent, cuius statuam Myron fecerat.

*e) Statuae inde ab Alexandri Magni aetate positae.*

Asamon (156) Ol. 107—113 ante Iov. templ. ad occid. versus.
Pyttalus (165) Ol. 108—119 ibid. occid. versus.
Choerilus (180) Ol. 108—119 ante Iov. templ. ad sept. versus.
Duris (112) Ol. 114 ante Iov. templ. ad orient. vers. in zona
curruum.
Hermesianax (178) Ol. 115—118 ante Iov. templ. ad septentr.
versus.
Angeles (145) Ol. 115—120 ante Iov. templ. ad meridiem versus.
Nicander (157) Ol. 115—125 ante Iov. templ. ad occid. versus.
Timosthenes (15) Ol. 115—125 ante Heraeum.
Telemachus (122) Ol. 115—130 ante Iov. templ. ad orient.
vers. prope mur. merid.

Dinosthenes (163) Ol. 116 ante Iov. templ. ad occid. versus.

Theotimus (181) Ol. 116 — 120 ante Iov. templ. ad sept. versus.

Hippomachus (107) Ol. 116 — 120 ante Iov. templ. ad orient. vers. in zona curruum.

Callon (106) Ol. 116 — 120 ibid. in zona curruum.

Cratinus (27) Ol. 120 — 130 ante Heraeum.

Democrates (170) Ol. 120 — 132 ante Iov. templ. ad sept. versus.

Aeschines (139) Ol. 126 — 132 ante Iov. templ. ad merid. versus.

Icasius (179) Ol. 127 — 135 ante Iov. templ. ad sept. versus.

Glaucon (169) Ol. 128 — 137 ante Iov. templ. ad occid. versus.

Philinus (173) Ol. 130 ante Iov. templ. ad sept. versus.

Euanoridas (73) Ol. 134 — 136 ante Iov. templ. ad orient. vers. in zona Victoriae.

Gorgus (129) Ol. 138 — 139 ibid. prope mur. merid.

Paeanius (167) Ol. 141 ante Iov. templ. occid. versus.

Clitomachus (146) Ol. 142 ante Iov. templ. merid. versus.

Caper (150) Ol. 142 ante Iov. templ. merid. versus.

Acestorides (119) Ol. 142 — 144 ante Iov. templ. orient. vers. in zona curruum.

Agesarchus (109) Ol. 143 ibid. in zona curruum.

Epitherses (147) Ol. 144 — 147 ante Iov. templ. merid. versus.

Amyntas (40) Ol. 146 ante Iov. templ. orient. vers. in zona tauri.

Timon (152) Ol. 146 — 147 ante Iov. templ. merid. versus.

Diallus (113) Ol. 147 ante Iov. templ. orient. vers. in zona curruum.

Agemachus (118) Ol. 147 ibid. in zona curruum.

Lysippus (162) Ol. 149 — 157 ante templ. Iov. ad occid. versus.

Omnia mutata sunt. Iovis templum undique statuis circumdari coepit, neque victorum solum, sed etiam regum aliorumque virorum de re publica bene meritorum, velut ante templi latus meridianum imagines invenimus Hieronis secundi, Archidami, Demetrii, Antigoni, Seleuci, aliorum, quorum numerus numerum Olympionicarum fere aequiperat, ut appareat regionem eam ex ignobili factam esse nobilissimam. Cuius commutationis causa in promptu est: Alexandri enim aetate in eius regionis parte septentrionali Philippeum, in meridionali ante

80

Alteos portam Leonidaeum conditum est. Hinc nata est illius regionis nobilitas. Ita factum est, ut nunc id potius nobis quaerendum sit, quibus causis permoti huius aetatis victores statuas suas turbae illi, quae spatium inter Iovis templum et Echus porticum implebat, interposuerint. Quod quamquam non in omnibus, in nonnullis tamen perspicuum est. Velut Euanoridas Eleus, qui luctando pueros vicit, statuam suam iuxta Amertae popularis sui imaginem ponendam curavit, cui idem duo ante saeculis contigerat. Amyntas pancratiastes (40) a pancratiasta illo, cui ἀκροχερσίτης cognomen inditum erat, Sostratum dico (37), longe abesse noluit. Nempe veteres illi victores ea aetate heroum instar erant. Acestorides, qui primus Troianorum curru vicit, statuam suam in illa regione posuit, ubi antiquitus victorum currulium monumenta stabant; Agemachus Cyzicenus, quamquam alius certaminis victor, popularem secutus est. Denique si mireris tam recenti aetate etiam duas statuas ante Heraeum poni, animadvertas unam earum, Timosthenem, Eutychidis Lysippi discipuli, alteram, Cratinum, Canthari Eutychidis discipuli opus esse, inter statuas autem ante Heraeum sitas non minus tres ab ipso Lysippo factas esse, ut in loco eligendo non tam victorum, quam artificum voluntas valuisse videatur, qui sua opera magistri operibus aggregare cupiebant.

Haec habui quae de Olympionicarum statuis a Pausania commemoratis dissererem.

Buchdruckerei des Waisenhauses in Halle a. S.

# Indices.

## A. Olympionicae a Pausania enumerati.

IV

## B. Homines aliis de causis statuis ornati.

## C. Artifices.